매일 10분으로 끝장내는
기적의 영어회화 패턴

매일 10분으로 끝장내는
기적의 영어회화 패턴

초판 1쇄 발행 2019년 2월 12일
초판 2쇄 발행 2019년 3월 5일

지은이 더 콜링
펴낸이 고정호
펴낸곳 베이직북스

주소 서울시 마포구 양화로 156, 1508호(동교동 LG팰리스)
전화 02) 2678-0455
팩스 02) 2678-0454
이메일 basicbooks1@hanmail.net
홈페이지 www.basicbooks.co.kr

출판등록 제 2007-000241호
ISBN 979-11-6340-010-3   13740

Images Created by Freepik

더 콜링 지음

매일 10분으로 끝장내는
기적의
영어회화
패턴

베이직북스

How

지금 이 순간에도 많은 분들이 영어회화를 어떻게 하면 잘할 수 있을까 고민하며 관련된 여러 영어책을 찾아보고 인터넷을 검색할 거라 생각합니다. '영화 노팅힐을 수백 번 돌려봤다', '영어책 한 권을 완전 씹어 삼켰다', '영어 9등급 이었다가 통역사까지 하게 되었다' 등 자신만의 성공담을 책으로까지 펴낸 사람들을 보면서 나도 언제쯤 저렇게 될 수 있을까 하는 부러움과 좌절을 동시에 느끼기도 합니다.

영어를 잘하는 데는 많은 시간과 노력을 투자해야 합니다. 특히 외국어로서 영어를 배워야 하고, 지속적으로 영어 환경을 접하기 어려운 한국과 같은 여건에서는 끊임없이 반복 훈련을 통해  기억을 보존할 수밖에 없습니다. 당연한 얘기 같지만 영화 한 편을 수백 번 돌려보고 영어책 한 권을 씹어 먹을 정도의 의지를 가지고 꾸준히 하지 않고서는 영어를 잘할 수 없습니다. 사람들이 영어를 못하는 이유는 대부분 방법을 모른다기보다는 영어를 해야 하는 절실함이 부족하거나 영어책 여러 권을 사다 놓고서 한 권도 제대로 떼지 못하는 게으름 때문이 아닐까 생각합니다. 성인이 된 뒤에 외국어를 배울 경우 가장 필요한 게 강한 동기라고 하지요. 요즘은 세상이 좋아져 유튜브나 인터넷만 검색해 봐도 영어 공부법이나 자료는 넘쳐나니까요.

 그럼 시간도 부족하고 의지도 박약하지만 영어회화를 잘하고 싶은 초급자에게 맞는 방법이 따로 있을까요? 이왕이면 빨리. 물론 그런 방법은 세상에 없지만, 많은 영어 전문가들이 영회회화를 빨리 배울 수 있는 방법으로 패턴 학습을 추천합니다. 영어회화에 자주 등장하는 패턴을 뽑아 이를 활용하는

학습은 단시간 내에 문장을 만들 수 있어 영어로 말문을 틀 수 있는 빠른 길임이 확실합니다. 다만 문법 구조를 전혀 모르고 무조건 외우기만 하는 방법은 어느 정도 기초적인 문장을 만드는 것은 가능하겠지만, 중급 이상의 실력을 쌓는 데는 한계가 있습니다. 그래서 기본적인 문법 구조를 체득한 후 이를 기반으로 말하기와 쓰기를 훈련하면 적응 속도에 따라 영어실력이 급속도로 늘어나게 됩니다.

이 책은 회화에 자주 등장하는 패턴 85개를 실었습니다. 수백 개에 달하는 다른 패턴책에 비하면 적다고 느껴질 수도 있습니다. 그만큼 가장 기초적이면서 핵심적인 패턴만 실었습니다. 초반부는 '나', '너' 사람과 관련된 패턴이 나옵니다. 나는 누구인지, 나의 감정이나 상태, 생각, 상대방의 의견 등을 묻는 표현을 배웁니다. 그

다음은 사물과 관련된 패턴으로 날씨나 시간을 말하는 법, 주로 it 이나 that을 주어로 하는 패턴을 익힙니다. 후반부는 조동사나 의문사를 활용해 묻는 패턴, 명령형의 패턴이 등장합니다. 각 패턴에는 간략한 문법 설명을 덧붙여 학습자가 혼자서도 이해하는 데 어려움이 전혀 없도록 하였습니다.

'일정하게 들어오는 돈은 불규칙하게 들어오는 돈보다 힘이 세다'고 합니다. 영어도 주말에 몰아서 2시간 하는 공부보다 매일매일 규칙적으로 10분씩 하는 공부가 더 힘이 셉니다. 짧더라도 꾸준히 연습하면서 영어의 두뇌를 항상 켜 놓도록 하세요. 영어 학습법에 관해서는 여러 의견이 있지만 충분한 연습 없이는 어느 누구도 유창하게 영어를 말할 수 없다는 것이 공통된 의견입니다. 여러분이 영어에 대한 흥미를 잃지 않고 끝까지 이 책을 완독하여 영어로 말하는 즐거움을 느껴보기를 응원합니다!

■ 특징 및 구성

사람 중심 패턴 01~26

I
You

물건 중심 패턴 27~39

It
This
That

>

<

조동사 활용 패턴 40~55

Will
Would
Can
Could
Shall
May

명령형 패턴 56~62

Have
Be
Don't
Please

>

∨

의문사 활용 패턴 63~85

What　Why
Which　Where
Whose　Who
When　How

패턴 학습

으로 보고 로 들어보세요!

각 패턴의 어법 포인트는 간략하고 핵심적인 설명을 덧붙였으며, 예문에는 구문 해설을 추가하여 문장의 뉘앙스나 사용 시 주의점을 표시했습니다.

대표 문장　　　　　　　　　　　　　패턴 활용 문장

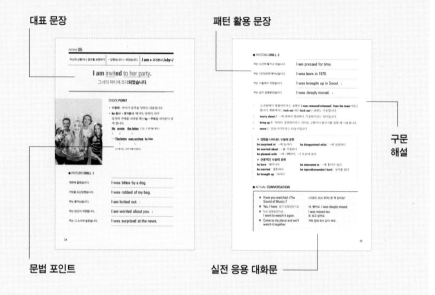

구문 해설

문법 포인트　　　　　　　　　　　실전 응용 대화문

패턴 리뷰

으로 말하고 으로 써보세요!

말하기 연습

5가지 패턴이 끝난 후 각 패턴을 다시 한 번 점검할 수 있도록 말하기와 쓰기 테스트를 실었습니다.

쓰기 연습　　　　　　　　　　대화문 쓰기 연습

■ CONTENTS

PATTERN 01	자신의 신분이나 상태 표현하기	저는 ~입니다	*I am ~ / I'm ~*	p.20
PATTERN 02	현재진행형으로 표현하기	~하고 있습니다 / ~하는 중입니다	*I'm -ing*	p.22
PATTERN 03	과거와 미래진행형으로 표현하기	~하고 있었습니다 / ~하고 있을 것입니다	*I was -ing / I will be -ing*	p.24
PATTERN 04	예정이나 계획을 표현하기	~하려고 합니다	*I'm going to~*	p.26
PATTERN 05	자신의 상황이나 결과를 표현하기	~ 당했습니다 / ~되었습니다	*I am + 과거분사 (+by~)*	p.28

Speaking Training p.30   Writing Training p.32

PATTERN 06	상대방의 기분이나 상태를 물어보기	당신은 ~입니까?	*Are you ~?*	p.36
PATTERN 07	상대방의 진행 상황 확인하기	당신은 ~합니까? / 당신은 ~하고 있습니까?	*Are you -ing?*	p.38
PATTERN 08	상대방의 사실이나 정보를 확인하기	당신은 ~이/가 아닙니까? / 당신은 ~하지 않습니까?	*Aren't you ~? / Don't you ~?*	p.40
PATTERN 09	자신의 어떤 결과나 상태를 표현하기	~을/를 얻다 / ~하게 되다	*I get ~*	p.42
PATTERN 10	관심이나 소유 여부를 표현하기	~이/가 있습니다	*I have ~ ①*	p.44

Speaking Training p.46   Writing Training p.48

PATTERN 11	자신의 병명이나 증상을 설명하기	(병)에 걸리다 / (증상)이 있다	*I have ~ ②*	p.52
PATTERN 12	상대방에게 소유 여부를 물어보기	~이/가 있습니까?	*Do you have ~?*	p.54
PATTERN 13	자신의 당위성 표현하기	~해야 합니다 / ~하지 않으면 안 됩니다	*I have to ~*	p.56
PATTERN 14	자신의 의무에 대해 물어보기	~해야 합니까?	*Do I have to ~?*	p.58
PATTERN 15	알고 있는 사실 여부 표현하기	~을/를 알고 있습니다	*I know ~*	p.60

Speaking Training p.62   Writing Training p.64

PATTERN 16	상대방에게 사실이나 정보를 물어보기	~을/를 알고 있습니까?	*Do you know ~?*	p.68
PATTERN 17	자신의 생각을 표현하기	~(이)라고 생각합니다	*I think ~*	p.70
PATTERN 18	상대방의 생각을 물어보기	~(이)라고 생각하십니까? / ~(이)라고 생각하지 않습니까?	*Do you think ~? / Don't you think ~?*	p.72
PATTERN 19	자신의 기분 표현하기	~(이)라고 느낍니다	*I feel ~*	p.74
PATTERN 20	다른 사람/사물을 대신 시키기	(사람/사물)에게 (동작)하게 합니다(시킵니다)	*I make ~ / I have ~ / I let ~*	p.76

Speaking Training p.78   Writing Training p.80

PATTERN 21	원하는 것을 표현하기	~이/가 필요합니다 / ~을/를 원합니다	*I need + 명사*	p.84
PATTERN 22	확신 여부를 표현하기	~을/를 확신합니다	*I'm sure ~*	p.86
PATTERN 23	유감이나 염려를 표현하기	유감이지만[죄송하지만] ~입니다/~일 것 같습니다	*I'm afraid ~*	p.88
PATTERN 24	사과나 유감을 표현하기	~을/를 미안하게[죄송하게] 생각합니다	*I am sorry ~*	p.90
PATTERN 25	기쁜 감정을 표현하기	~해서 기쁩니다	*I am glad ~*	p.92

Speaking Training p.94   Writing Training p.96

PATTERN 26	감사의 마음을 표현하기	~(에) 감사합니다	*Thank you ~*	p.100
PATTERN 27	사물이나 사람을 지칭하기 this ①	이것은 ~입니다	*This is ~*	p.102
PATTERN 28	사물이나 사람을 지칭하기 this ②	이것은 ~입니까?	*Is this ~?*	p.104
PATTERN 29	사물이나 사람을 지칭하기 that ①	저것은[그것은] ~입니다	*That is ~*	p.106
PATTERN 30	사물이나 사람을 지칭하기 that ②	저것은[그것은] ~입니까?	*Is that ~?*	p.108

Speaking Training p.110   Writing Training p.112

PATTERN 31	사물이나 사람을 지칭하기 that ③	그것은 ~합니다[입니다]	*That ~*	p.116
PATTERN 32	막연하게 지칭하기 it ①	그것은 ~입니다	*It is ~*	p.118
PATTERN 33	날씨·시간·날짜 표현하기 it ②	(날씨가) ~합니다[입니다]	*It is ~*	p.120
PATTERN 34	맛이나 느낌 표현하기 it ③	(그것은) ~합니다[입니다]	*It ~*	p.122
PATTERN 35	시간이나 노력의 소요 표현하기 it ④	~이/가 걸립니다[필요합니다]	*It takes ~*	p.124

Speaking Training p.126   Writing Training p.128

PATTERN 36	가주어 it과 진주어로 표현하기	…은/는 ~입니다	*It is ~*	p.132
PATTERN 37	의미상 주어로 표현하기	~이/가 있습니다	*There[Here] is/are ~*	p.134
PATTERN 38	there를 이용한 의문문 만들기	~이/가 있습니까?	*Is there ~?*	p.136
PATTERN 39	상대방의 주의를 끄는 표현하기	자, ~입니다	*Here[There] ~*	p.138
PATTERN 40	미래의 의지를 표현하기	(저는)~합니다 / ~할 예정입니다	*I will ~*	p.140

Speaking Training p.142   Writing Training p.144

PATTERN 41	상대방의 의사를 확인하기	(당신은) ~합니까? / ~할 예정 입니까? / ~해 주시겠습니까? / ~하겠습니까?	*Will you ~?*	p.148
PATTERN 42	부정의문문으로 제안할 때	~하지 않겠습니까?	*Won't you ~?*	p.150
PATTERN 43	정중하게 요청하기 ①	~해 주시겠어요?	*Would you ~?*	p.152
PATTERN 44	정중하게 요청하기 ②	~해 줄 수 있어요?	*Could you ~?*	p.154
PATTERN 45	정중하게 요청하기 ③	~해 주시겠어요? / ~해 줄 수 있습니까?	*Would[Do] you mind -ing ~?*	p.156

Speaking Training p.158   Writing Training p.160

PATTERN 46	상대방에게 허가나 양해를 구하기 ①	~해도 좋습니까? / (저는) ~할 수 있습니까?	*Can I ~?*	p.164
PATTERN 47	상대방에게 허가나 양해를 구하기 ②	~해도 됩니까? / ~하게 해 주세요	*May I ~?*	p.166
PATTERN 48	상대방에게 허가나 양해를 구하기 ③	~해도 괜찮아요?	*Do[Would] you mind if I ~?*	p.168
PATTERN 49	권유나 제안하기 ①	제가 ~할까요?	*Shall I ~?*	p.170
PATTERN 50	권유나 제안하기 ②	~할까요? / ~해요	*Shall we ~?*	p.172

Speaking Training p.174   Writing Training p.176

PATTERN 51	원하는 것을 표현하기	~을/를 하고 싶습니다[주세요]	*I would like ~*	p.180
PATTERN 52	정중하게 권유하기	~은/는 어떠세요?	*Would you like ~?*	p.182
PATTERN 53	자신의 희망을 정중하게 표현하기	~하고 싶습니다	*I would like to ~*	p.184
PATTERN 54	상대방의 의사를 물어보기	~하고 싶으세요? / ~하시겠습니까?	*Would you like to ~?*	p.186
PATTERN 55	과거의 습관적 행위나 상태 표현하기	예전에 ~하곤 했다	*I used to ~*	p.188

Speaking Training p.190   Writing Training p.192

PATTERN 56	직접 요구하기	~하세요	동사원형 ~	p.196
PATTERN 57	Have 명령문	~을/를 가지세요[하세요]	*Have ~*	p.198
PATTERN 58	Be 명령문	~해라	*Be ~*	p.200
PATTERN 59	금지 명령문	~하지 마세요	*Don't* + 동사원형	p.202
PATTERN 60	공손하게 부탁하기	~해 주세요 / ~을/를 주세요[부탁합니다]	동사원형, + *Please* / 명사, *please*	p.204

Speaking Training p.206   *Writing Training* p.208

PATTERN 61	자신의 의사를 표현하기	~하게 해 주세요 / ~할까요?	*Let me ~*	p.212
PATTERN 62	상대방에게 함께하자는 제의를 할 때	~합시다	*Let's ~*	p.214
PATTERN 63	What을 이용한 질문 ①	무엇이 ~입니까? / 무엇을 ~합니까?	*What ~?*	p.216
PATTERN 64	What을 이용한 질문 ②	~은/는 무엇입니까?	*What is ~?*	p.218
PATTERN 65	What을 이용한 질문 ③	…은/는 어떤 ~입니까?	*What ~?*	p.220

Speaking Training p.222   *Writing Training* p.224

PATTERN 66	시간에 대해 질문하기	몇 시에 ~합니까[입니까]?	*What time ~?*	p.228
PATTERN 67	선택에 대해 질문하기 ①	어느 것이 ~합니까[입니까]?	*Which ~?*	p.230
PATTERN 68	선택에 대해 질문하기 ②	어느 …것[쪽]이 ~입니까? / 어느 …것[쪽]을 ~합니까?	*Which ~?*	p.232
PATTERN 69	선택에 대해 질문하기 ③	A와 B 어느 것[쪽]이 ~입니까? / A와 B 어느 것[쪽]을 ~합니까?	*Which ~, A or B?*	p.234
PATTERN 70	who를 이용한 질문	누가 ~합니까[입니까]?	*Who ~?*	p.236

Speaking Training p.238   *Writing Training* p.240

PATTERN 71	whose와 whom을 이용한 질문	누구의~입니까? / 누구를 ~합니까[입니까]?	*Whose ~? Whom~?*	p.244
PATTERN 72	시간과 날짜에 대해 질문하기	언제 ~합니까[입니까]?	*When ~?*	p.246
PATTERN 73	장소에 대해 묻기	어디에(서) ~합니까[입니까]? / ~은/는 어디입니까?	*Where ~?*	p.248
PATTERN 74	이유에 대해 질문하기	왜 ~합니까[입니까]?	*Why ~?*	p.250
PATTERN 75	권유하기 ①	~하는 게 어때요?	*Why don't you +* **동사원형?**	p.252

Speaking Training p.254   Writing Training p.256

PATTERN 76	권유하기 ②	~하는 게 어때요? / ~하지 않겠어요? / ~해 봐요	*Why not ~?*	p.260
PATTERN 77	How를 이용한 질문 ①	…은/는 얼마나 ~합니까?	*How ~?*	p.262
PATTERN 78	How를 이용한 질문 ②	어떻게 ~합니까?	*How do you ~?*	p.264
PATTERN 79	상대방의 의견에 대해 질문하기	~은/는 어떻습니까?	*How do you like ~?*	p.266
PATTERN 80	수단이나 방법 질문하기	어떻게 ~하면 될까요?	*How do[can] I ~?*	p.268

Speaking Training p.270   Writing Training p.272

PATTERN 81	상태나 의견 질문하기	~은/는 어때요?	*How is[was] ~?*	p.276
PATTERN 82	수량이나 가격 질문하기	…은/는 몇 개입니까? …은/는 어느 정도입니까?	*How many[much] ~?*	p.278
PATTERN 83	의견을 질문하거나 권유하기	~은/는 어떠세요? / ~에 대해 어떻게 생각하세요?	*How about ~?*	p.280
PATTERN 84	감탄문 ①	얼마나 …한 ~인가!	*What + (a[an]) + 형용사 + 명사 + S + V!*	p.282
PATTERN 85	감탄문 ②	얼마나 ~할까!	*How + 형용사/부사 + S + V!*	p.284

Speaking Training p.286   Writing Training p.288

날짜	패턴	대표 문장	해석	확인
	001	**I'm** Jiyeong Kim.	저는 김지영**입니다**.	
	002	**I'm** look**ing** for my glasses.	안경을 찾고 있습니다.	
	003	**I was** do**ing** my homework then.	그때 숙제를 **하고 있었습니다**.	
	004	**I'm going to** buy a new car next month.	다음 달에 새 차를 사려고 **합니다**.	
	005	**I am** invite**d** to her party.	그녀의 파티에 초대**되었습니다**.	
		Speaking Training / Writing training		
	006	**Are you** all right**?**	당신은 괜찮으**세요?**	
	007	**Are you** listen**ing** to me**?**	제 말을 듣고 있습니까?	
	008	**Aren't you** tired**?**	당신은 피곤하**지 않습니까?**	
	009	**I got** a new job.	새 일자리를 구했습니다.	
	010	**I have** a question.	질문이 있습니다.	
		Speaking Training / Writing training		
	011	**I have** a cold.	감기에 걸렸습니다.	
	012	**Do you have** any questions**?**	질문이 있습니까?	
	013	**I have to** go now.	이제 가**야 합니다**.	
	014	**Do I have to** do it now**?**	당장 그것을 해야 합니까?	
	015	**I know** a good Italian restaurant.	괜찮은 이탈리아 레스토랑을 알고 **있습니다**.	
		Speaking Training / Writing training		

016	**Do you know** that man**?**	저 남자**를** 알고 있습니까?
017	**I think** he is right.	그가 옳다**고 생각합니다.**
018	**Do you think** she will come**?**	그녀가 올 것**이라고 생각하십니까?**
019	**I feel** lonely.	외로워**요.**
020	**I made** him clean the bathroom.	저는 그에게 욕실**을** 청소**시켰습니다.**

Speaking Training / Writing training

021	**I need** your help.	당신의 도움**이 필요합니다.**
022	**I'm sure** I can do it.	그걸 할 수 있다고 **확신합니다.**
023	**I'm afraid** I can't go.	**유감이지만 저는** 갈 수 없**습니다.**
024	**I am sorry** for the mistake.	실수해서 **죄송합니다.**
025	**I am glad** to be with you.	당신과 함께 있어 **기쁩니다.**

Speaking Training / Writing training

026	**Thank you** for your help.	도와주셔서 **감사합니다.**
027	**This is** my watch.	**이것은** 내 시계**입니다.**
028	**Is this** your umbrella**?**	**이것은** 당신의 우산**입니까?**
029	**That is** my book.	**저것은** 내 책**입니다.**
030	**Is that** your car**?**	**저것은** 당신의 차**입니까?**

Speaking Training / Writing training

031	**That** depends.	상황에 따라 다르**다.**
032	**It is** a joke.	농담**입니다.**
033	**It is** fine today.	오늘은 **날씨가** 참 좋**습니다.**
034	**It** hurts.	아픕**니다.**
035	**It takes** three hours.	3시간 **걸립니다.**

Speaking Training / Writing training

036	**It is** dangerous to swim here.	여기서 헤엄치면 위험**합니다.**
037	**There is** a book on the table.	테이블 위에 책**이 있습니다.**
038	**Is there** a station near here**?**	이 근처에 역**이 있습니까?**
039	**Here** it is.	여기 있**습니다.**
040	**I will** think about it.	그것에 대해 생각**하겠습니다.**

Speaking Training / Writing training

041	**Will you** go there tomorrow**?**	**당신은** 내일 거기에 갑**니까?**
042	**Won't you** come with me**?**	저와 같이 가**지 않겠습니까?**
043	**Would you** give me a hand**?**	좀 도와**주시겠어요?**
044	**Could you** help me**?**	도와주실 **수 있어요?**
045	**Would** you mind open**ing** the door**?**	문을 열어주실 **수 있어요?**

Speaking Training / Writing training

046	**Can I** borrow this umbrella**?**	이 우산을 빌릴 **수 있습니까?**
047	**May I** come in**?**	들어가**도 됩니까?**
048	**Do you mind if I** open the window**?**	창문을 열어**도 괜찮겠어요?**
049	**Shall I** give you a hand**?**	도와드릴**까요?**
050	**Shall we** go**?**	갈**까요?**

Speaking Training / Writing training

051	**I would like** a glass of water**.**	물 한 잔 갖다 **주세요.**
052	**Would you like** some tea**?**	차를 드시**겠어요?**
053	**I would like to** make a reservation**.**	예약을 **하고 싶습니다.**
054	**Would you like to** come with me**?**	같이 가**시겠습니까?**
055	**I used to** swim in this river**.**	저는 **예전에** 이 강에서 수영**하곤 했습니다.**

Speaking Training / Writing training

056	**Hurry** up**!**	**서둘러!**
057	**Have** some cake**.**	케이크 **드세요.**
058	**Be** quiet**.**	조용히 해.
059	**Don't** do that again**!**	그런 짓 다시**는 하지 마!**
060	Close the door**, please.**	문을 닫아**주세요.**

Speaking Training / Writing training

061	**Let me** help you**.**	도와드릴**게요.** / 도와드릴**까요?**
062	**Let's** go for a drive**.**	드라이브 갑**시다.**
063	**What** do you want to do**?**	당신은 **무엇을** 원**하십니까?**
064	**What** is this**?**	이것**은 무엇입니까?**
065	**What** kind of food do you like**?**	**어떤** 음식을 좋아**하세요?**

Speaking Training / Writing training

066	**What time** is it now**?**	지금 **몇 시입니까?**
067	**Which** do you like best**?**	**어떤** 걸 가장 좋아**하세요?**
068	**Which** season do you like best**?**	**어느** 계절을 가장 좋아**합니까?**
069	**Which** do you like better, cats **or** dogs**?**	고양이**와** 개, **어느 쪽을** 좋아**합니까?**
070	**Who** is that man**?**	저 남자는 **누구입니까?**

Speaking Training / Writing training

071	**Whom** do you like best**?**	**누구를** 가장 좋아**합니까?**
072	**When** do you play tennis**?**	당신은 **언제** 테니스를 **합니까?**
073	**Where** do you live**?**	당신은 **어디에** 삽니까**?**
074	**Why** did you go there**?**	당신은 **왜** 거기에 갔**습니까?**
075	**Why don't you** try again**?**	다시 한 번 시도해 보**는 게 어때요?**

Speaking Training / Writing training

076	**Why not** go for a walk**?**	산책 가**는 거 어때요?**
077	**How** long is this bridge**?**	이 다리는 **어느 정도로** 깁니까?
078	**How do you** go to work**?**	직장에는 **어떻게** 갑니까?
079	**How did you like** this novel**?**	이 소설**은 어땠어요?**
080	**How can I** get to the station**?**	역에는 **어떻게** 가면 **됩니까?**

Speaking Training / Writing training

081	**How is** the weather today**?**	오늘 날씨**는 어때요?**
082	**How many** times did you see the movie**?**	그 영화**는 몇 번** 보셨**습니까?**
083	**How about** some more coffee**?**	커피를 조금 더 드시**겠어요?**
084	**What a** beautiful day it is**!**	이 **얼마나** 화창한 날씨**인가!**
085	**How** kind she is**!**	그녀는 **얼마나** 친절**한지!**

Speaking Training / Writing training

영어 공부의 목표를 적어보세요.

17

Determine never to be idle... It is wonderful how much may be done if we are always doing. Thomas Jefferson

아무 하는 일 없이 시간을 허비하지 않겠다고 맹세하라. 우리가 항상 뭔가를 한다면 놀라우리만치 많은 일을 해낼 수 있다. -토마스 제퍼슨

85

| 자신의 신분이나 상태 표현하기 | 저는 ~입니다 | *I am~ / I'm~* |

I'm Jiyeong Kim.
저는 김지영**입니다**.

CHECK **POINT**

- 회화에서는 **I am** ~을 **I'm** ~으로 축약하여 표현할 수 있습니다.
- 이 패턴은 '**주어 = 보어**'이므로 주어의 정체나 상태를 구체적으로 표현합니다.
  ① 보어가 명사일 경우 : 이름, 신분, 직함, 국적 등의 존재를 나타냅니다.
  ② 보어가 형용사일 경우 : 자신의 감정, 기분, 심정 등을 주로 나타내며, '(저는) ~한 상태에 있다'라는 의미가 됩니다.

■ PATTERN **DRILL 1**

저는 학생입니다.	**I'm a student.**
저는 미혼입니다.	**I'm single.** 1
저는 30살입니다.	**I'm thirty years old.**
진심입니다.	**I'm serious.** 2
저는 준비됐습니다.	**I'm ready.**

저는 존 포터입니다.	**I'm John Potter.**
저는 회사원입니다.	**I'm an office worker.**
저는 이곳이 초행입니다.	**I'm a stranger here.** 3
저는 길을 잃었습니다.	**I'm lost.** 4

1   결혼했다고 말할 때는 **I'm married**.라고 합니다.

2   유사한 표현으로 **I'm not kidding.** / **It's no joke.** / **I mean it**. 등으로 바꿔 쓸 수 있습니다. 반대 표현으로 **I am just kidding**.(농담이야.)라는 것도 알아둡시다.

3   낯선 곳에서 누군가 나에게 길을 물어볼 때 '저도 초행이라서 이곳 지리를 잘 모릅니다.'라는 표현으로 사용합니다.

4   **lost**는 '길을 잃었다, 어찌할 바를 모르겠다'는 의미의 형용사로 '잃었다'는 상태를 나타냅니다.

■ ACTUAL **CONVERSATION**

A Hello, 저는 존 포터입니다.	안녕하세요, I'm John Potter.
B Hello, 저는 김지영입니다.	안녕하세요, I'm Jiyeong Kim.
A Glad to meet you.	만나서 반갑습니다.
B Nice to meet you too.	저도 만나서 반갑습니다.

| 현재진행형으로 표현하기 | ~하고 있습니다 / ~하는 중입니다 | *I'm -ing* |

I'm look**ing** for my glasses.
안경을 찾**고 있습니다**.

CHECK **POINT**

- **동사의 현재진행형**
  be동사의 현재형(am/are/is) + **현재분사**(동사의 -ing형)
  ① **현재 진행 중인 동작** : (지금) ~하고 있다
    I'm watching TV now. (지금 TV를 보고 있는 중입니다.)
  ② **현재의 반복적 행위**(습성) : ~만 하고 있다
    He is always making the same mistake.
    (그는 언제나 같은 실수를 되풀이합니다.)
  ③ **가까운 미래의 예정** : (가까운 시일 안에) ~할 예정이다
    I'm going skiing in Gangwon-do this winter.
    (저는 이번 겨울에 강원도에 스키를 타러 갈 예정입니다.)

■ PATTERN **DRILL 1**

그냥 둘러보는 중이에요.	**I'm** just look**ing** around. 1
저희 집을 청소하고 있어요.	**I'm** clean**ing** my house.
그들은 영어로 말하고 있어요.	**They** are speak**ing** in English.
저는 은행에서 일하고 있습니다.	**I'm** work**ing** at a bank.
너는 늘 그 게임만 하고 있구나.	**You are** always play**ing** that game.

숙제를 하고 있습니다.	**I'm doing** my homework.
지금 갑니다.	**I'm coming.** 2
당신을 만나길 기대하고 있습니다.	**I'm looking** forward to seeing you. 3
다음 주 월요일에 떠납니다.	**I'm leaving** next Monday.

1 가게에서 점원이 '**May I help you?**(어서 오세요. / 뭘 도와드릴까요?)'라고 말했을 때, '괜찮습니다. / 도움은 필요 없습니다.'라는 뜻으로 쓸 수 있는 표현입니다.

2 '지금 (당신이 있는 곳으로) 갑니다.'라는 뜻입니다. 영어에서는 상대방이 있는 장소를 중심으로 생각하므로, '(상대방이 있는 장소)로 가다'라고 할 때는 동사 **go**가 아닌 **come**을 쓴다는 것에 주의하세요.

3 '**look forward to** + (명사/동명사)'는 '~를 기대하고 있다'라는 의미인데, **to**는 전치사이므로 뒤에 명사나 동명사(**-ing**)를 써야 합니다.

※ **진행형으로 쓰일 수 없는 동사**

① '상태'를 나타내는 동사 : be동사, **have**, **belong** 등
have는 '가지고 있다'는 의미일 때는 진행형이 되지 않지만, 그 외의 의미(식사를 하다, 여행을 하다 등)에서는 진행형으로 쓰일 수 있습니다.
He is having lunch now. (그는 지금 점심을 먹고 있습니다.)

② '지각, 감각, 심리 상태'등을 나타내는 동사 : **see**, **hear**, **taste**, **feel**, **think**, **know**, **believe**, **forget**, **remember**, **want**, **wish**, **hope**, **love**, **like**, **hate**, **fear** 등
다만, 일시적인 상태나 의지에 의한 동작의 반복, 감정을 표현할 때는 예외적으로 진행형을 쓰기도 합니다.
I am always thinking of you. (저는 항상 당신을 생각하고 있습니다.)

■ ACTUAL **CONVERSATION**

A	May I help you?	무엇을 도와드릴까요?
B	수영복을 찾고 있습니다.	I'm looking for swimming suits.
A	You can find them on the second floor.	2층에 가시면 찾을 수 있습니다.
B	Thank you.	감사합니다.

과거와 미래진행형으로 표현하기	~하고 있었습니다 / ~하고 있을 것입니다	*I was -ing / I will be -ing*

I was do**ing** my homework then.
그때 숙제를 **하고 있었습니다**.

CHECK **POINT**

- 동사의 과거진행형
  be동사 과거형(was/were) **+ 현재분사**(동사 -ing형)
  ① 과거의 어떤 시점에서 진행 중인 동작 : ~하고 있었다
  ② 과거의 반복적인 행위 : ~만 하고 있었다
  ③ 과거의 어느 시점에서 본 가까운 미래 : ~할 작정이
    었다
- 동사의 미래진행형
  will be + 현재분사(동사 -ing형)
  ① 미래의 어느 시점에서 진행 중인 동작 : ~하고 있을
    것이다
  ② 시간의 흐름에 따라 일어날 확정된 미래 : ~하게 될
    것이다

■ PATTERN **DRILL 1**

그저 생각하고 있었습니다.	**I was** just think**ing**.
저는 지난밤에 존과 이야기하려고 했습니다.	**I was** talk**ing** to John last night.
저는 어렸을 때 늘 TV를 봤습니다.	**I was** always watch**ing** TV when I was a child.
조만간에 또 만나요.	**I will be** see**ing** you soon. ₁
역에서 당신을 기다리고 있겠습니다.	**I will be** wait**ing** for you at the station.

그가 왔을 때, 저는 마침 나가려던 참이었습니다.	**I was** just **going** out when he came. ₂
목욕을 하고 있을 때, 전화가 왔습니다.	While **I was** taking a bath, the telephone rang.
오늘 저녁에 그와 만나기로 했습니다.	**I will be** seeing him this evening.
내일 이 시간쯤에는 태평양 상공을 날고 있겠지요.	**I will be** flying over the Pacific Ocean about this time tomorrow.

1   헤어질 때 사용하는 인사로, 미래진행형은 미래 시제보다 친근하며, 격식을 갖추지 않고 편한 사이에서 사용할 수 있는 표현입니다.

2   **go out**은 '외출하다, (밖으로) 나가다'라는 표현으로 이처럼 구 단위(동사구, 형용사구, 명사 구)로 익혀두면 영어 표현력이 향상됩니다. 많이 쓰이는 동사구로 **take a bath**(목욕하다), **watching TV**(TV를 보다), **wait for**(~을 기다리다) 등이 있습니다.

■ ACTUAL **CONVERSATION**

A	I didn't see you yesterday.	어제 당신이 안 보이던데요.
B	종일 집 청소했어요 I will give a birthday party for my son this weekend.	I was cleaning the house all day. 이번 주말에 아들 생일 파티를 하거든요.
A	Wow, he will be happy!	와, 걔는 행복하겠군요!

give a party '파티를 열다'

예정이나 계획을 표현하기	~하려고 합니다	*I'm going to~*

I'm going to buy a new car next month.

다음 달에 새 차를 사**려고 합니다**.

CHECK **POINT**

- 'be going to + 동사원형'은 주로 주어의 의지를 나타내거나 근접한 미래의 일을 나타냅니다.
  ① 의지미래 : ~할 작정이다, ~할 예정이다
  She is going to be a nurse.(그녀는 간호사가 될 것입니다.)
  ② 근접미래 : ~할 것 같다, ~하려고 하다
  It is going to snow tonight. (오늘밤은 눈이 내릴 것 같다.)
- 부정문 : 〈**S** + **be동사** + **not** + **going to** + **동사원형**〉
  I'm not going to play tennis tomorrow.
  (내일은 테니스를 치지 않을 겁니다.)
- 의문문 : 〈**Be동사** + **S** + **going to** + **동사원형?**〉
  Are you going to study Korean?
  (당신은 한국어를 배울 겁니까?)

■ PATTERN **DRILL 1**

내일 그를 만날 겁니다.	**I'm going to** see him tomorrow. 1
파티를 열 겁니다.	**I'm going to** have a party.
다음 주에 박물관에 갈 겁니다.	**I'm going to** visit the museum next week. 2
이번 주말에 집에 있을 겁니다.	**I'm going to** be at home this weekend.
이곳에서 일주일 동안 머물 겁니다.	**I'm going to** stay here for a week. 3

목욕을 하려고 합니다.	**I'm going to** take a bath.
프랑스에서 미술을 공부할 계획입니다.	**I'm going to** study art in France.
내일 병원에 친구 병문안을 갈 겁니다.	**I'm going to** visit a friend in the hospital tomorrow.
올해 하와이에서 휴가를 보낼 겁니다.	**I'm going to** spend my vacation in Hawaii this year.

1   **be going to**는 막연하면서도 가까운 미래의 '예정'이나 '계획'을 나타낼 때 사용하는 표현인 반면, **be about to**는 좀 더 구체적이면서 급박한 상황을 표현할 때 사용합니다.

2   **next week**, **this year** 등은 시간을 표현하는 부사이므로 앞에 **in**, **at** 등의 전치사를 쓰지 않습니다.

3   **for** + 시간은 '~동안'이라는 의미로, 기간을 나타낼 수 있습니다.

■ ACTUAL **CONVERSATION**

A 내일 책을 사러 갈 거예요.　　I'm going to buy a book tomorrow.

B Okay, I'll come with you.　　좋아요, 저도 같이 갈게요.

A 몇 시에 만날까요?　　What time are we going to meet?

B Let's meet at noon.　　정오에 만나요.

| 자신의 상황이나 결과를 표현하기 | ~ 당했습니다 /~되었습니다 | **I am** + 과거분사(p.p) **(+by~)** |

I am invited to her party.
그녀의 파티에 초대**되었습니다**.

CHECK **POINT**

- **수동태** : 주어가 동작을 당하는 내용입니다.
- **be 동사 + 과거분사** '해지다, 당하다, 되다'
  동작의 주체를 나타낼 때는 **by** + **주체**를 과거분사 뒤에 씁니다.
  He   wrote   the letter. (그는 그 편지를 썼다.)
  　S　　V　　　O
  →**The letter was written by him**.
  　　　S　　　　V
  　(그 편지는 그에 의해 쓰였다.)

■ PATTERN **DRILL 1**

개한테 물렸습니다.	**I was** bitten by a dog.
가방을 도난당했습니다.	**I was** robbed of my bag.
저는 쫓겨났습니다.	**I am** locked out. 1
저는 당신이 걱정됩니다.	**I am** worried about you. 2
저는 그 소식에 놀랐습니다.	**I was** surprised at the news.

■ PATTERN **DRILL 2**

저는 시간에 쫓기고 있습니다.	**I am** pressed for time.
저는 1970년에 태어났습니다.	**I was born** in 1970.
저는 서울에서 자랐습니다.	**I was brought** up in Seoul. 3
저는 깊이 감동받았습니다.	**I was deeply moved.** 4

1 '소속팀에서 방출되다'라는 표현은 **I was removed[released] from the team.**이라고 합니다. 회화에서는 **lock out** 대신 **kick out**이라는 표현도 사용합니다.

2 **worry about**은 '~에 관하여 염려하다, 걱정하다'라는 의미입니다.

3 **bring up**은 '자라다, 성장하다'라는 의미로 고향이나 출신지를 말할 때 사용됩니다.

4 **move**는 '감동시키다'라는 타동사입니다.

※ 감정을 나타내는 수동태 표현
be surprised at : ~에 놀라다　　**be disappointed at(in)** : ~에 실망하다
be worried about : ~를 걱정하다
be pleased with : ~에 기뻐하다, ~가 마음에 들다

※ 관용적인 수동태 표현
be born : 태어나다　　**be interested in** : ~에 흥미가 있다
be married : 결혼하다　　**be injured(wounded / hurt)** : 상처를 입다
be brought up : 자라다

■ ACTUAL **CONVERSATION**

A	Have you watched <The Sound of Music>?	〈사운드 오브 뮤직〉 본 적 있어요?
B	Yes, I have. 깊이 감동받았지요.	네, 봤어요. I was deeply moved.
A	저도 감동받았어요. I want to watch it again.	I was moved too. 또 보고 싶어요.
B	Come to my place and we'll watch it together.	저희 집에 와서 같이 봐요.

29

Speaking
Training

01~05

다음 문장을 영어로
크게 말해보세요!

☐ 저는 학생입니다.

☐ 저는 미혼입니다.

☐ 저는 30살입니다.

☐ 진심입니다.

☐ 저는 준비됐습니다.

☐ 저는 존 포터입니다.

☐ 저는 회사원입니다.

☐ 저는 이곳이 초행입니다.

☐ 저는 길을 잃었습니다.

02 I'm -ing

☐ 그냥 둘러보는 중이에요.

☐ 저희 집을 청소하고 있어요.

☐ 그들은 영어로 말하고 있어요.

☐ 저는 은행에서 일하고 있습니다.

☐ 너는 늘 그 게임만 하고 있구나.

☐ 숙제를 하고 있습니다.

☐ 지금 갑니다.

☐ 당신을 만나길 기대하고 있습니다.

☐ 다음 주 월요일에 떠납니다.

03 I was -ing / I will be -ing

☐ 그저 생각하고 있었습니다.

☐ 저는 지난밤에 존과 이야기하려고 했습니다.

☐ 저는 어렸을 때 늘 TV를 봤습니다.

☐ 조만간에 또 만나요.

☐ 역에서 당신을 기다리고 있겠습니다.

- [ ] 그가 왔을 때, 저는 마침 나가려던 참이었습니다.
- [ ] 목욕을 하고 있을 때, 전화가 왔습니다.
- [ ] 오늘 저녁에 그와 만나기로 했습니다.
- [ ] 내일 이 시간쯤에는 태평양 상공을 날고 있겠지요.

04 I'm going to~

- [ ] 내일 그를 만날 겁니다.
- [ ] 파티를 열 겁니다.
- [ ] 다음 주에 박물관에 갈 겁니다.
- [ ] 이번 주말에 집에 있을 겁니다.
- [ ] 이곳에서 일주일 동안 머물 겁니다.

- [ ] 목욕을 하려고 합니다.
- [ ] 프랑스에서 미술을 공부할 계획입니다.
- [ ] 내일 병원에 친구 병문안을 갈 겁니다.
- [ ] 올해 하와이에서 휴가를 보낼 겁니다.

05 I am + 과거분사 p.p. (+by~)

- [ ] 개한테 물렸습니다.
- [ ] 가방을 도난당했습니다.
- [ ] 저는 쫓겨났습니다.
- [ ] 저는 당신이 걱정됩니다.
- [ ] 저는 그 소식에 놀랐습니다.

- [ ] 저는 시간에 쫓기고 있습니다.
- [ ] 저는 1970년에 태어났습니다.
- [ ] 저는 서울에서 자랐습니다.
- [ ] 저는 깊이 감동받았습니다.

Writing Training

01~05

아래의 패턴을 이용하여
영어로 써보세요!

I am ~ / I'm ~	**I'm going to~**

I was -ing / I will be -ing

I'm -ing	**I am + 과거분사 p.p. (+by~)**

01 저는 학생입니다.

_____

저는 미혼입니다.

_____

저는 30살입니다.

_____

진심입니다.

_____

저는 준비됐습니다.

_____

저는 존 포터입니다.

_____

저는 회사원입니다.

_____

저는 이곳이 초행입니다.

_____

저는 길을 잃었습니다.

_____

32

02   그냥 둘러보는 중이에요.

저희 집을 청소하고 있어요.

그들은 영어로 말하고 있어요.

저는 은행에서 일하고 있습니다.

너는 늘 그 게임만 하고 있구나.

숙제를 하고 있습니다.

지금 갑니다.

당신을 만나길 기대하고 있습니다.

다음 주 월요일에 떠납니다.

03   그저 생각하고 있었습니다.

저는 지난밤에 존과 이야기하려고 했습니다.

저는 어렸을 때 늘 TV를 봤습니다.

조만간에 또 만나요.

역에서 당신을 기다리고 있겠습니다.

그가 왔을 때, 저는 마침 나가려던 참이었습니다.

목욕을 하고 있을 때, 전화가 왔습니다.

오늘 저녁에 그와 만나기로 했습니다.

내일 이 시간쯤에는 태평양 상공을 날고 있겠지요.

04 내일 그를 만날 겁니다.

파티를 열 겁니다.

다음 주에 박물관에 갈 겁니다.

이번 주말에 집에 있을 겁니다.

이곳에서 일주일 동안 머물 겁니다.

목욕을 하려고 합니다.

프랑스에서 미술을 공부할 계획입니다.

내일 병원에 친구 병문안을 갈 겁니다.

올해 하와이에서 휴가를 보낼 겁니다.

05 개한테 물렸습니다.

가방을 도난당했습니다.

저는 쫓겨났습니다.

저는 당신이 걱정됩니다.

저는 그 소식에 놀랐습니다.

저는 시간에 쫓기고 있습니다.

저는 1970년에 태어났습니다.

저는 서울에서 자랐습니다.

저는 깊이 감동받았습니다.

A 안녕하세요, 저는 존 포터입니다.

Hello,

B 안녕하세요, 저는 김지영입니다.

Hello,

A 무엇을 도와드릴까요?

May I help you?

B 수영복을 찾고 있습니다.

A 어제 당신이 안 보이던데요.

I didn't see you yesterday.

B 종일 집 청소했어요.

A 내일 책을 사러 갈 거예요.

B 좋아요, 저도 같이 갈게요.

Okay, I'll come with you.

A 〈사운드 오브 뮤직〉 본 적 있어요?

Have you watched <The Sound of Music>?

B 네, 봤어요. 깊이 감동받았지요.

Yes, I have.

| 상대방의 기분이나 상태를 물어보기 | 당신은 ~입니까? | *Are you ~?* |

Are you all right?

당신은 괜찮으세요?

CHECK POINT

- 상대방의 기분에 대해 묻거나 상태를 확인할 수 있는 표현입니다. ~부분에는 형용사를 씁니다.
- ~부분에 직업이나 직위를 나타내는 말을 넣어 상대방의 신분에 대해 물어볼 수 있습니다.
  Are you an American? (미국인이세요?)

■ PATTERN DRILL 1

배고프세요?	**Are you** hungry?
행복하세요? / 즐거우세요? / 만족하세요?	**Are you** happy? 1
진심이세요?	**Are you** serious?
지금 바쁘세요?	**Are you** busy right now?
정말입니까? / 확실합니까? / (그 일에) 확신하십니까?	**Are you** sure (about it)?

준비되셨어요?	**Are you** ready? 2
(일 · 식사 등이) 이미 끝났습니까?/ 마쳤습니까?	**Are you** finished? 3
길을 잃었습니까?	**Are you** lost?
당신은 한국 역사에 흥미가 있습니까?	**Are you** interested in Korean history?

1 **happy**는 '행복하다' 외에 '만족하다'라는 의미로도 쓰이며, **with**나 **about**를 사용하여 **be happy with[about]** '~으로 만족하다'라는 뜻으로 쓸 수 있습니다.
   Are you happy about[with] the plan? (당신은 그 계획에 만족하십니까?)

2 외출할 때 '준비 다 하셨습니까?'라고 물어볼 때 사용합니다.

3 **finished**는 회화에서 '(사람이 일을) 끝내다, 마치다'의 의미로 쓰이는 형용사로, **Are you finished**?는 일이나 식사 등이 끝났는지 물어볼 때 사용됩니다.

■ ACTUAL **CONVERSATION**

A 지금 바빠요?	Are you busy right now?
B I have some homework to do.	해야 할 숙제가 좀 있어요.
A I want you to help me.	당신이 도와줬으면 하는데요.
B I'm sorry I can't.	미안하지만 못 할 거 같아요.

주어 + **want** + 사람 + **to** 동사 '주어가 사람에게 ~하기를 원한다'

| 상대방의 진행 상황 확인하기 | 당신은 ~합니까? /
당신은 ~하고 있습니까? | *Are you -ing?* |

Are you listen**ing** to me?

제 말을 듣**고 있습니까**?

CHECK **POINT**

- 이 패턴은 '현재진행형(**PATTERN 02**)'의 의문형으로, 동작의 진행 상황을 확인하는 표현입니다.
- **You're -ing** ~!는 반문하는 형태로 활용하기도 합니다.
  You must be kidding[joking]!
  (저하고 농담하는 겁니까? / 설마 농담이겠죠?)

■ PATTERN **DRILL 1**

컨디션은 어떠세요?	**Are you doing okay?** 1
몸은 괜찮으세요?	**Are you feeling okay?** 2
농담이지요?	**Are you kidding?** 3
벌써 가십니까?	**Are you leaving so soon?**
당신은 공부를 하고 있습니까, 아니면 놀고 있습니까?	**Are you studying or playing?**

(저와) 같은 방향으로 가십니까?	**Are you going** my way? ₄
그녀와 잘 지내고 있습니까?	**Are you getting** along with her?
오늘 오후에 뭐를 하실 예정입니까?	**Are you doing** anything this afternoon?
오늘 밤에 야근을 하십니까?	**Are you working** overtime tonight?

1 / 2 친한 사이에 '컨디션은 어때?'라고 묻는 간단한 인사말입니다. **Are you feeling okay?**는 주로 몸이 안 좋아 보이는 사람에게 '몸은 괜찮습니까?'라고 물어볼 때 사용합니다. 또한 **Are you feeling sick?**은 '몸이 안 좋습니까?'라는 의미로 쓰입니다.

3 동사 **kid**는 회화에서 '놀리다, 속임수를 쓰다, 농담하다' 등의 의미로 사용됩니다. 또한 **joke**도 같은 뜻을 나타냅니다. **Are you kidding?**은 '농담이지요?, 설마!'라는 놀람과 의심을 표현합니다.
Are you serious?(진심입니까?)(**PATTERN 06**)와 비교하면 놀리는 뉘앙스가 강하다고 할 수 있습니다.

4 **go one's** (← **my** 등 소유격) **way** 구문은 '~와 같은 방향으로 가다, ~를 따라가다'는 뜻입니다.

■ ACTUAL **CONVERSATION**

A	You look bad. 몸은 괜찮아요?	안 좋아 보이네요. Are you feeling okay?
B	I'm exhausted.	완전 지쳤어요.
A	What happened?	어찌 된 일이에요?
B	I did the final test, and I'm waiting for the result.	기말고사를 치렀고, 결과를 기다리고 있어요.

wait for '~을 기다리다'

39

상대방의 사실이나 정보를 확인하기	당신은 ~이/가 아닙니까? / 당신은 ~하지 않습니까?	*Aren't you ~? / Don't you ~?*

Aren't you tired?
당신은 피곤하지 않습니까?

CHECK POINT

- 이 패턴은 **PATTERN 04**의 부정형으로 묻는 의문문입니다. (부정의문문 : 부정형으로 묻는 의문문)
- 부정의문문에 답하는 법
  영어에서는 항상 긍정 대답이면 **Yes**, 부정 대답이면 **No**로 대답합니다. 한국어 해석과 같지 않으므로 주의하세요.
  A : Aren't you sleepy? (당신은 졸리지 않습니까?)
  B : Yes, I am. (아니오, 졸립니다.) / **No, I'm not.** (예, 졸리지 않습니다.)
  A : Don't you go out? (당신은 외출하지 않습니까?)
  B : Yes, I do. (아니오, 외출합니다.) / **No, I don't.** (예, 외출하지 않습니다.)

■ PATTERN DRILL 1

그런 얇은 옷으로 춥지 않습니까?	**Aren't you** cold in such thin clothes?
뭔가 잊어버리지 않았습니까?	**Aren't you** forgetting something? 1
당신은 테니스를 치지 않습니까?	**Don't you** play tennis?
담배를 피우지 않습니까?	**Don't you** smoke?
모르겠어요? / 그렇지요?	**Don't you** see? 2

당신은 부끄럽지 않습니까?	**Aren't you** ashamed of yourself?
단 것을 좋아하지 않습니까?	**Don't you** like sweet things?
그렇게 생각하지 않습니까?	**Don't you** think so? ₃
거기에 가지 않았습니까?	**Didn't you** go there?

1 '**Aren't you** + 현재분사(동사의 -**ing**형) ~?'는 현재진행형의 부정형으로 '당신은 ~하고 있지 않습니까?'라는 의미입니다.

2 동사 **see**는 '보다' 외에 '알다, 이해하다'라는 의미가 있습니다. 부정형 의문문 **Don't you see**?는 '모르겠어요? / 그렇지요?'라는 뜻이고, 긍정형 의문문 **Do you see**? 또는 **See**?는 '알겠습니까?'라는 의미로, 이해했는지의 여부를 물어볼 수 있습니다.

3 상대방에게 동의를 구할 때 쓰는 표현입니다.

※ **조동사를 사용한 부정의문문**
조동사의 부정형(-**n't**) + **S** + 동사의 원형?' 구문이 됩니다.
Can't you speak English? (당신은 영어로 말할 수 없습니까?)

■ ACTUAL **CONVERSATION**

A 배 안 고파요?
B Yes, I'm hungry.
A How about some bread then?
   좀 안 먹을래요?
B No, I don't because I have an allergy to gluten.

Aren't you hungry?
아니요, 배고파요.
그럼 빵 좀 어때요?
Don't you want some?
예, 안 먹어요, 글루텐에 알레르기가 있거든요.

have an allergy to '~에 대해 알레르기가 있다'

자신의 어떤 결과나 상태를 표현하기	~을/를 얻다 / ~하게 되다	*I get ~*

I got a new job.
새 일자리**를 구했습니다**.

CHECK **POINT**

- **I get** + 명사[부사] : (자격이나 권리 따위) ~를 얻다, (물건 등)을 손에 넣다, (장소 등에) 도달하다
- 회화에서는 **got**을 **have got**으로 표현하기도 하며 줄여서 **I've got** ~으로 쓰입니다.
  Have you got a newspaper? (신문을 가지고 계십니까?)
  I've got a lot of books. (저는 책을 많이 가지고 있습니다.)
- **I get** + 형용사/과거분사 : '~하게 되다(상태의 변화)'
  He got angry. (그는 화를 냈다.)
  He is angry. (그는 화가 나 있다.)
  get 대신 **be**동사를 쓰면 상태를 나타냅니다.

■ PATTERN **DRILL 1**

크리스마스 선물로 시계를 받았습니다.	**I got** a watch for Christmas.
제가 받겠습니다.	**I will get** it. ₁
감기에 걸렸습니다.	**I got** a cold.
저는 졸립니다.	**I got** sleepy.
좋은 점수를 받았습니다.	**I got** quite a good grade.

어제 7시에 집에 돌아왔습니다.	**I got** home at seven yesterday.
5시30분 부산행 열차를 타려고 합니다.	**I will get** the 5:30 train for Busan.
요즘 쉽게 피로해집니다.	**I get** tired easily these days.
지난달에 결혼했습니다.	**I got** married last month. ₂

1   전화벨이 울릴 때, 주위 사람들에게 '(그 전화는) 제가 받겠습니다'라고 할 때 쓰는 표현입니다.

2   '결혼하다'는 **get married**라고 하며, '~와 결혼하다'는 전치사 **to**를 붙여 **get married to** 또는 **marry**라고 합니다. **marry**는 타동사이기 때문에 별도의 전치사를 쓰지 않는 것에 주의하세요.
Mary got married to John. (메리는 존과 결혼했다.)
Will you marry me? (저와 결혼해 주시겠어요?)

■ ACTUAL **CONVERSATION**

| **A** 제 생일 선물로 이 가방을 받았어요. | I got this bag for my birthday. |
| **B** It's a very expensive bag.
부자가 되었군요! | 아주 비싼 가방인데요.
You got rich! |
| **A** No, my new boyfriend is rich. | 아니요, 새 남자친구가 부자예요. |
| **B** Oh, really? | 오, 정말요? |

| 관심이나 소유 여부를 표현하기 | ~이/가 있습니다 | **I have ~** ① |

I have a question.

질문**이 있습니다**.

CHECK **POINT**

* **I have** + 명사 : '~을/를 가지고 있다'는 의미의 기본 표현으로 물품 등 물질적인 사물을 '(손에) 들고 있다, 소유하고 있다'는 의미 외에도 다음과 같은 경우에도 쓰입니다
  ① 눈에 보이지 않는 것 : (지식이나 생각 등) ~이 있다
  I have an idea for it. (그것에 대한 생각이 있습니다.)
  ② 인간 관계를 나타내는 말 : (친척·친구 등) ~이 있다
  I have a brother. (남자 형제가 한 명 있다.)

■ PATTERN **DRILL 1**

좋은 사전을 가지고 있습니다.	**I have** a good dictionary.
저는 형 한 명, 여동생 둘이 있습니다.	**I have** an older brother and two younger sisters. ₁
저는 시간이 없습니다.	**I have** no time.
제게 (좋은) 생각이 있습니다.	**I have** an idea. ₂
저는 알 수 없습니다. / 저는 모릅니다.	**I have** no idea.

저는 비밀이 있습니다.	**I have** a secret.
곤란합니다. / 문제가 있습니다.	**I have** a problem.
화이트 씨와 (만날) 약속이 있습니다.	**I have** an appointment with Mr. White.
저는 예술에 매우 관심이 있습니다.	**I have** a great interest in art.

1   영어에서는 형제 관계를 말할 때 항상 남자 형제를 **brother**, 여자 자매를 **sister**라고 하며, **older/elder**(연상의), **younger**(연하의)를 덧붙여 '형/오빠, 누나/언니, 남동생/여동생' 등을 표현할 수 있습니다.
    older(**elder**) **brother** / **sister** (형/오빠, 누나/언니), **younger brother/sister** (남동생/여동생)

2   명사 **idea**는 '생각, 깜짝 아이디어'라는 뜻으로 **I've got an**[**a good**] **idea!**라고도 할 수 있습니다.

■ ACTUAL **CONVERSATION**

A How many children do you have?	자녀는 몇 명이에요?
B 아들 둘 있어요.	I have two sons.
A How old are they?	몇 살이에요?
B Seven and five. They are naughty boys.	7살과 5살이에요. 개구장이예요.

Speaking *Training*

06~10

다음 문장을 영어로
크게 말해보세요!

☐ 준비되셨어요?
☐ (일·식사 등이) 이미 끝났습니까? / 마쳤습니까?
☐ 길을 잃었습니까?
☐ 당신은 한국 역사에 흥미가 있습니까?

☐ (저와) 같은 방향으로 가십니까?
☐ 그녀와 잘 지내고 있습니까?
☐ 오늘 오후에 뭐를 하실 예정입니까?
☐ 오늘 밤에 야근을 하십니까?

06 Are you ~?

☐ 배고프세요?
☐ 행복하세요? / 즐거우세요? / 만족하세요?
☐ 진심이세요?
☐ 지금 바쁘세요?
☐ 정말입니까? / 확실합니까? / (그 일에) 확신하십니까?

07 Are you -ing?

☐ 컨디션은 어떠세요?
☐ 몸은 괜찮으세요?
☐ 농담이지요?
☐ 벌써 가십니까?
☐ 당신은 공부를 하고 있습니까, 아니면 놀고 있습니까?

08 Aren't you ~? / Don't you ~?

☐ 그런 얇은 옷으로 춥지 않습니까?
☐ 뭔가 잊어버리지 않았습니까?
☐ 당신은 테니스를 치지 않습니까?
☐ 담배를 피우지 않습니까?
☐ 모르겠어요? / 그렇지요?

- [ ] 당신은 부끄럽지 않습니까?
- [ ] 단 것을 좋아하지 않습니까?
- [ ] 그렇게 생각하지 않습니까?
- [ ] 거기에 가지 않았습니까?

09 I get~

- [ ] 크리스마스 선물로 시계를 받았습니다.
- [ ] 제가 받겠습니다.
- [ ] 감기에 걸렸습니다.
- [ ] 저는 졸립니다.
- [ ] 좋은 점수를 받았습니다.

- [ ] 어제 7시에 집에 돌아갔습니다.
- [ ] 5시 30분 부산행 열차를 타려고 합니다.
- [ ] 요즘 쉽게 피로해집니다.
- [ ] 지난달에 결혼했습니다.

10 I have ~ ①

- [ ] 좋은 사전을 가지고 있습니다.
- [ ] 저는 형 한 명, 여동생 둘이 있습니다.
- [ ] 저는 시간이 없습니다.
- [ ] 제게 (좋은) 생각이 있습니다.
- [ ] 저는 알 수 없습니다. / 저는 모릅니다.

- [ ] 저는 비밀이 있습니다.
- [ ] 곤란합니다. / 문제가 있습니다.
- [ ] 화이트 씨와 (만날) 약속이 있습니다.
- [ ] 저는 예술에 매우 관심이 있습니다.

*Writing*Training
01~05

아래의 패턴을 이용하여
영어로 써보세요!

Are you -ing?

I get ~

Aren't you ~? / Don't you ~?

I have ~

Are you ~?

---

06 배고프세요?

행복하세요? / 즐거우세요? / 만족하세요?

진심이세요?

지금 바쁘세요?

정말입니까? / 확실합니까? / (그 일에) 확신하십니까?

준비되셨어요?

(일·식사 등이) 이미 끝났습니까? / 마쳤습니까?

길을 잃었습니까?

당신은 한국 역사에 흥미가 있습니까?

---

07 컨디션은 어떠세요?

몸은 괜찮으세요?

농담이지요?

벌써 가십니까?

당신은 공부를 하고 있습니까, 아니면 놀고 있습니까?

(저와) 같은 방향으로 가십니까?

그녀와 잘 지내고 있습니까?

오늘 오후에 뭐를 하실 예정입니까?

오늘 밤에 야근을 하십니까?

08 그런 얇은 옷으로 춥지 않습니까?

뭔가 잊어버리지 않았습니까?

당신은 테니스를 치지 않습니까?

담배를 피우지 않습니까?

모르겠어요? / 그렇지요?

당신은 부끄럽지 않습니까?

단 것을 좋아하지 않습니까?

그렇게 생각하지 않습니까?

거기에 가지 않았습니까?

09 크리스마스 선물로 시계를 받았습니다.

제가 받겠습니다.

감기에 걸렸습니다.

저는 졸립니다.

좋은 점수를 받았습니다.

어제 7시에 집에 돌아갔습니다.

5시30분 부산행 열차를 타려고 합니다.

요즘 쉽게 피로해집니다.

지난달에 결혼했습니다.

10 좋은 사전을 가지고 있습니다.

저는 형 한 명, 여동생 둘이 있습니다.

저는 시간이 없습니다.

제게 (좋은) 생각이 있습니다.

저는 알 수 없습니다. / 저는 모릅니다.

저는 비밀이 있습니다.

곤란합니다. / 문제가 있습니다.

화이트 씨와 (만날) 약속이 있습니다.

저는 예술에 매우 관심이 있습니다.

A 지금 바빠요?

B 해야 할 숙제가 좀 있어요.
I have some homework to do.

A 안 좋아 보이네요. 몸은 괜찮아요?
You look bad.

B 완전 지쳤어요.
I'm exhausted.

A 배 안 고파요?

B 아니요, 배고파요.
Yes, I'm hungry.

A 제 생일 선물로 이 가방을 받았어요.

B 아주 비싼 가방인데요. 부자가 되었군요!
It's a very expensive bag.

A 자녀는 몇 명이에요?
How many children do you have?

B 아들 둘 있어요.

자신의 병명이나 증상을 설명하기	(병)에 걸리다 / (증상)이 있다	*I have ~ ②*

I have a cold.

감기**에 걸렸습니다**.

CHECK **POINT**

- 병, 기타 증상, 통증 등이 있다고 표현할 때는 동사 **have**를 사용하여 〈**I have** + **병/증상**〉이라고 합니다.
- 증세가 약할 때는 **slight**(약간의, 가벼운), 증세가 심할 때는 **bad**(나쁜, 심한)를 덧붙입니다.
  a slight cold(가벼운 감기) / **a slight headache**(가벼운 두통) / **a slight fever**(미열) / **a bad cold**(독감) / **a bad headache**(심한 두통)
- **pain**(통증)은 정도에 관계없이 '(신체 부위)에 통증이 있다'라고 말할 때 쓰며, **in**을 사용하여 **have a pain in one's[the]**구문으로 표현합니다.
  I have a pain in my leg. (나는 다리가 아프다.)

■ PATTERN **DRILL 1**

열이 있습니다.	**I have** a fever.
기침이 심합니다.	**I have** a bad cough.
독감에 걸렸습니다.	**I have** the flu. 1
목이 아픕니다.	**I have** a sore throat. 2
코가 막혔습니다. / 콧물이 흐릅니다.	**I have** a stuffy nose. / **I have** a runny nose.

■ PATTERN **DRILL 2**

설사를 합니다.	**I have** diarrhea[loose bowels].
위가 조금 아픕니다.	**I have** a slight pain in my stomach.
머리가 깨질 정도로 아픕니다.	**I have** a splitting headache.
어깨가 결립니다.	**I have** stiff shoulders.

1 **cold**는 '감기', **flu**는 **influenza**의 축약형으로 '유행성 감기'를 말합니다. **flu**는 정관사 **the**를 붙입니다.

2 목의 통증은 **sore**(아프다)를 사용하여 표현합니다.

3 설사는 **diarrhea**라고 하는 것이 일반적이지만, **bowel**(장)을 써서 **loose bowel**(느슨한 장)을 설사로 표현할 수도 있습니다.

※ **통증의 종류**

a dull pain(둔한 통증) / **a sharp pain**(날카로운 통증) / **a throbbing pain**(욱신거리는 통증) / **a piercing pain**(꿰뚫는 듯한 통증) / **a stabbing pain**(칼로 찌르는 듯한 통증) / **a burning pain**(화끈거리는 통증)

※ **ache**(통증)

ache(통증)는 **pain**과는 달리 신체의 특정 부분에 지속되는 '둔한 통증'을 나타냅니다. **I have an ache in my back.**(나는 등이 아프다.)

ache는 다음처럼 복합어로 사용됩니다.

headache(두통) / **stomachache**(위통) / **toothache**(치통)

이때도 **PATTERN 09**처럼 회화에서 'I have got ~'이라고 할 수 있습니다.

I've got a cold.(저는 감기에 걸렸습니다.)

■ ACTUAL **CONVERSATION**

A You don't look so well.	안색이 안 좋은데요.
B 두통이 있어요.	I have a headache.
A Did you go to the hospital?	병원에 가봤어요?
B Not yet. I just had a painkiller.	아직이요. 단지 진통제만 먹었어요.

'약을 먹다'라고 할 때도 동사 **have**를 씀.

| 상대방에게 소유 여부를 물어보기 | ~이/가 있습니까? | *Do you have ~?* |

Do you have <u>any questions</u>?
질문**이 있습니까**?

CHECK **POINT**

- **Do you have any questions?**는 **Have you got any questions?**이라고도 할 수 있습니다.
- 상점에서 점원에게 '~이/가 있습니까?'라고 물어볼 때도 쓸 수 있는 표현입니다.

  Do you have this in any other colors?

  (이거 다른 색깔도 있습니까?)

  Do you have this in a larger[smaller] size?

  (이거 큰[작은] 사이즈로 있습니까?)

  Do you have a (little) less expensive one?

  (조금 더 싼 것 있습니까?)

  → **cheap(cheaper)**는 '싸구려, 질이 나쁜'이란 의미가 있으므로 사용하지 않는 것이 좋습니다.

■ PATTERN **DRILL 1**

펜을 가지고 있습니까?	**Do you have** a pen?
시간 있습니까?	**Do you have** time? 1
(지금) 몇 시입니까?	**Do you have** the time? 2
열이 있습니까?	**Do you have** a fever?
형제나 자매가 있습니까?	**Do you have** any brothers or sisters?

■ PATTERN DRILL 2

돈을 좀 가지고 있습니까?	**Do you have** any money with you?
휴가 때 어떤 계획이 있습니까?	**Do you have** any plans for the holidays?
두 자리 있습니까?	**Do you have** a table for two? 3
이것과 같은 것이 있습니까?	**Do you have** one like this? 4

1/2 **Do you have time?**의 **time**(무관사)은 '시간, 여가'라는 뜻으로 상대방에게 볼일이 있을 때 쓸 수 있습니다. '하지만 **Do you have the time?**처럼 관사 **the**가 붙으면 '현재 시각을 아십니까?'라는 의미로, 즉 '지금 몇 시입니까?'라는 뜻으로 시간을 물어보는 표현입니다.

3 음식점에서 자리를 물어볼 때 쓸 수 있는 표현입니다.

4 상점에서 같거나 비슷한 물건이 있는지 물어볼 때 쓸 수 있는 표현입니다.

■ ACTUAL CONVERSATION

A It will be the holidays soon.	곧 휴가네.
B 응. 이번 휴가 때 어떤 계획 있어?	Yes. Do you have any plans for the holidays?
A Nothing. And you?	아무것도. 너는?
B I'm going to visit my grandmother.	할머니를 뵈러 갈 거야.

자신의 당위성 표현하기 | ~해야 합니다 / ~하지 않으면 안 됩니다 | *I have to~*

I have to <u>go now</u>.
이제 가**야 합니다**.

CHECK **POINT**

- **have to** 뒤에는 '동사원형'이 옵니다. 이는 동사 **have**
  가 뒤에 '**to부정사**(명사적 용법)'를 동반하는 구문입니다.
- **have to**의 부정형은 **don't[doesn't] have to**(~할 필요가
  없다)입니다.

■ PATTERN **DRILL 1**

서둘러야 해!	**I have to** rush!
내 일을 우선 끝내야 합니다.	**I have to** finish my work first.
이제 작별 인사를 해야 합니다.	**I have to** say good-bye now.
영어를 더 열심히 공부해야 합니다.	**I have to** study English harder.
2시까지 그곳에 가야 합니다.	**I have to** be there by two.

서두를 필요가 없습니다.	**I** don't **have to** hurry. ₁
그 회의에 참석할 필요가 없습니다.	**I** don't **have to** attend the meeting.
오늘 아침 일찍 일어나야 했습니다.	**I had to** get up early this morning.
다른 일을 찾아야 합니다.	**I** will **have to** find another job.

1 　　**have to**(~해야 합니다)의 반대인 '~하지 않아도 된다, ~할 필요가 없다)'는 **don't have to / don't need to**(PATTERN 21)이며, **must not**이라고 하면 '~해서는 안 된다'라는 금지를 나타냅니다.

※ **must**
조동사 **must**(~해야 합니다)도 '의무, 필요'를 나타내지만, 어감은 **have to**보다 더 엄격합니다.
I must do that. (마땅히 그 일을 해야 합니다.)
I have to do that. (기꺼이 그 일을 하겠습니다.)
must는 과거형·미래형이 없으며 **have to**의 과거형(**had to**), 미래형(**will have to**) 대신 쓸 수 있습니다.

※ 주어가 **I**가 아닐 때
<u>**You**</u> don't **have to worry**. (당신이 걱정할 필요는 없습니다.)
<u>**She**</u> **has to do it at once**. (그녀는 당장 그걸 해야 합니다.)

■ ACTUAL **CONVERSATION**

A	이번 주말에 학교에 가야 해요.	I have to go to school this weekend.
B	Why? What's the matter?	왜요? 무슨 일 있어요?
A	I have a test next Monday.	다음 주 월요일에 시험이 있거든요.
B	열심히 공부해야겠군요. Good luck.	You have to study hard. 행운을 빌어요.

| 자신의 의무에 대해 물어보기 | ~해야 합니까? | **Do I have to ~?** |

Do I have to do it now?

당장 그것을 **해야 합니까**?

CHECK **POINT**

- **Do I have to ~?**는 **I have to ~**.(저는 ~해야 한다, 저는 ~하지 않으면 안 된다)(**PATTERN 13**)의 의문형입니다.
- **Do I have to ~?**에 대한 기본적인 대답은 **Yes, you do.**(예, 당신은 해야 합니다.) / **No, you don't** (have to).(아니오, 당신은 ~할 필요가 없습니다.) 등으로 표현합니다.

  A : Do I have to go to the hospital?

  (저는 병원에 가야 합니까?)

  B : Yes, you do. / No, you don't (have to).

  (예, 가야 합니다. / 아니오, 갈 필요가 없습니다.)

■ PATTERN **DRILL 1**

집에 돌아가야 합니까?	**Do I have to** go home? 1
서둘러야 합니까?	**Do I have to** hurry?
이 책을 읽어야 합니까?	**Do I have to** read this book?
표를 사야 합니까?	**Do I have to** buy a ticket?
예약을 해야 합니까?	**Do I have to** make a reservation? 2

추가 요금을 지불해야 합니까?	**Do I have to** pay an extra charge?
오랫동안 기다려야 합니까?	**Do I have to** wait for a long time?
그 질문에 대답해야 합니까?	**Do I have to** answer the question? ₂
소득을 신고해야 합니까?	**Do I have to** declare my income?

1   '집에 가다'는 **go home**(집에 가다)이라고 해야 합니다. **home** 앞에 아무 전치사도 쓰지 않음에 주의합니다.

2   **make a reservation**(예약을 하다)이나 **answer the question**(질문을 하다)과 같이 관용적으로 사용하는 표현은 통으로 외워두면 많은 도움이 됩니다.

※ **주어가 I가 아닐 때**
A : Do you have to go now? (당신은 꼭 가야 합니까?)
B : Yes, I do. / No, I don't (have to). (예, 가야 합니다. / 아니오, 갈 필요 없습니다.)

※ **의문사를 사용한 have to 의문문**
Where do I have to change trains? (어디서 기차를 갈아타야 합니까?)
What do you have to do next Sunday? (당신은 다음 주 일요일에 무엇을 해야 합니까?)

■ ACTUAL **CONVERSATION**

A Hello, this is New York restaurant.	여보세요, 뉴욕 레스토랑입니다.
B Hello, I'm thinking of going there tonight. 예약을 해야 합니까?	여보세요, 오늘 밤에 가려고 합니다. Do I have to make a reservation?
A Yes, you need a reservation, please.	네, 예약을 하셔야 합니다.
B I'd like a table for three at 7 o'clock then.	7시에 3인석을 예약하고 싶어요.

알고 있는 사실 여부 표현하기	~을/를 알고 있습니다	*I know ~*

I know a good Italian restaurant.

괜찮은 이탈리아 레스토랑**을 알고 있습니다**.

CHECK **POINT**

- '**I know** ~'의 부정형은 **I don't know** ~(~을/를 모릅니다)이며, **I (don't) know** 뒤에 '명사/명사구/명사절'을 씁니다. 특히 '의문사가 이끄는 구/절'이 올 경우가 많습니다.

- **I (don't) know** + 의문사 + **to** + 동사원형
  I don't know where to go.
  (어디로 가야 할지 모르겠습니다.)

- **I (don't) know** + 의문사 + **S** + **V**
  I know where he lives. (그가 어디에 사는지 압니다.)

■ PATTERN **DRILL 1**

알고 있습니다. / 알아요.	**I know.** 1
그 일은 전부 알고 있습니다.	**I know** all about that.
그녀에 관해 들어 (간접적으로) 알고 있습니다.	**I know** of her. 2
모릅니다. / 모르겠습니다.	**I don't know.** 3
제 사이즈를 모릅니다.	**I don't know** my size.

■ PATTERN **DRILL 2**

(그렇게 되리란 걸) 알고 있었어! / 역시나!	**I knew** it!
자동차를 운전할 줄 압니다.	**I know** how to drive a car.
당신이 무슨 말을 하는지 알겠습니다.	**I know** what you mean.
어디로 가야 할지 모릅니다.	I don't **know** where to go.

1 '**I know.**'는 '알고 있습니다 / 압니다'의 의미로 '맞장구'를 칠 때 자주 사용합니다. '말 안 해도 알고 있어.'라는 어감도 있어서 상대방의 말이 귀찮을 때 사용하기도 합니다.

2 **know A**(사람)(**know**는 타동사)가 '**A**를 알고 있다, **A**와 아는 사이다'라는 의미를 나타내는 반면, **know of A**(사람)(**know**는 자동사)는 '이야기를 들어서 **A**를 간접적으로 알고 있다'는 의미가 됩니다.
   I know of him, but I don't know him (personally).
   (그에 대해서는 (소문을 들어) 알고 있었지만, (개인적으로) 아는 사이는 아닙니다.)

3 놀람, 노여움 등을 나타내는 '설마', '글쎄'라는 의미로도 쓰입니다.

■ ACTUAL **CONVERSATION**

A	Do you know the rumor about him?	그에 관한 소문 들었어?
B	알고는 있는데, 사실인지 아닌지 모르겠어.	I know, but I don't know whether it is true or not.
A	난 알아. It's not true.	I know. 그건 사실이 아니야.
B	Why do you say that?	왜 그걸 말하는데?

Speaking Training

11~15

다음 문장을 영어로
크게 말해보세요!

11 I have ~ ②

- ☐ 열이 있습니다.
- ☐ 기침이 심합니다.
- ☐ 독감에 걸렸습니다.
- ☐ 목이 아픕니다.
- ☐ 코가 막혔습니다. / 콧물이 흐릅니다.

- ☐ 설사를 합니다.
- ☐ 위가 조금 아픕니다.
- ☐ 머리가 깨질 정도로 아픕니다.
- ☐ 어깨가 결립니다.

12 Do you have ~?

- ☐ 펜을 가지고 있습니까?
- ☐ 시간 있습니까?
- ☐ (지금) 몇 시입니까?
- ☐ 열이 있습니까?
- ☐ 형제나 자매가 있습니까?

- ☐ 돈을 좀 가지고 있습니까?
- ☐ 휴가 때 어떤 계획이 있습니까?
- ☐ 두 자리 있습니까?
- ☐ 이것과 같은 것이 있습니까?

13 I have to~

- ☐ 서둘러야 해!
- ☐ 내 일을 우선 끝내야 합니다.
- ☐ 이제 작별 인사를 해야 합니다.
- ☐ 영어를 더 열심히 공부해야 합니다.
- ☐ 2시까지 그곳에 가야 합니다.

☐ 서두를 필요가 없습니다.

☐ 그 회의에 참석할 필요가 없습니다.

☐ 오늘 아침 일찍 일어나야 했습니다.

☐ 다른 일을 찾아야 합니다.

14 Do I have to ~?

☐ 집에 돌아가야 합니까?

☐ 서둘러야 합니까?

☐ 이 책을 읽어야 합니까?

☐ 표를 사야 합니까?

☐ 예약을 해야 합니까?

☐ 추가 요금을 지불해야 합니까?

☐ 오랫동안 기다려야 합니까?

☐ 그 질문에 대답해야 합니까?

☐ 소득을 신고해야 합니까?

15 I know ~

☐ 알고 있습니다. / 알아요.

☐ 그 일은 전부 알고 있습니다.

☐ 그녀에 관해 들어 알고 있습니다.

☐ 모릅니다. / 모르겠습니다.

☐ 제 사이즈를 모릅니다.

☐ 알고 있었어! / 역시나!

☐ 자동차를 운전할 줄 압니다.

☐ 당신이 무슨 말을 하는지 알겠습니다.

☐ 어디로 가야 할지 모릅니다.

I have to ~

I have ~

Do you have ~?

Do I have to ~?

I know ~

11 열이 있습니다.

기침이 심합니다.

독감에 걸렸습니다.

목이 아픕니다.

코가 막혔습니다. / 콧물이 흐릅니다.

설사를 합니다.

위가 조금 아픕니다.

머리가 깨질 정도로 아픕니다.

어깨가 결립니다.

-----

12 펜을 가지고 있습니까?

시간 있습니까?

(지금) 몇 시입니까?

열이 있습니까?

형제가 있습니까?

돈을 좀 가지고 있습니까?

휴가 때 어떤 계획이 있습니까?

두 자리 있습니까?

이것과 같은 것이 있습니까?

13 서둘러야 해!

내 일을 우선 끝내야 합니다.

이제 작별 인사를 해야 합니다.

영어를 더 열심히 공부해야 합니다.

2시까지 그곳에 가야 합니다.

서두를 필요가 없습니다.

그 회의에 참석할 필요가 없습니다.

오늘 아침 일찍 일어나야 했습니다.

다른 일을 찾아야 합니다.

14 집에 돌아가야 합니까?

서둘러야 합니까?

이 책을 읽어야 합니까?

표를 사야 합니까?

예약을 해야 합니까?

추가 요금을 지불해야 합니까?

오랫동안 기다려야 합니까?

그 질문에 대답해야 합니까?

소득을 신고해야 합니까?

15 알고 있습니다. / 알아요.

그 일은 전부 알고 있습니다.

그녀에 관해 들어 (간접적으로) 알고 있습니다.

모릅니다. / 모르겠습니다.

제 사이즈를 모릅니다.

(그렇게 되리란 걸) 알고 있었어! / 역시나!

자동차를 운전할 줄 압니다.

당신이 무슨 말을 하는지 알겠습니다.

어디로 가야 할지 모릅니다.

A 안색이 안 좋은데요.

You don't look so well.

B 두통이 있어요.

A 곧 휴가네.

It will be the holidays soon.

B 응. 이번 휴가 때 무슨 계획 있어?

A 이번 주말에 학교에 가야 해요.

B 왜요? 무슨 일 있어요?

Why? What's the matter?

A 여보세요, 뉴욕 레스토랑입니다.

Hello, this is New York restaurant.

B 여보세요, 오늘 밤에 가려고 합니다. 예약을 해야 합니까?

Hello, I'm thinking of going there tonight.

A 그에 관한 소문 들었어?

Do you know the rumor about him?

B 알고는 있는데, 사실인지 아닌지 모르겠어.

| 상대방에게 사실이나 정보를 물어보기 | ~을/를 알고 있습니까? | *Do you know ~?* |

Do you know that man?

저 남자를 알고 있습니까?

CHECK **POINT**

- **Do[Don't] you know** ~? 뒤에는 '명사, 명사구/절'이 오며, 특히 '의문사가 이끄는 구/절'이 올 경우가 많습니다.

- **Do[Don't] you know** + 의문사 + **to** + 동사원형?
  Do you know how to get there?
  (그곳에 어떻게 가는지 압니까?)

- **Do[Don't] you know** + 의문사 + **S** + **V**?
  Do you know who he is?
  (그가 누군지 알고 있습니까?)

■ PATTERN **DRILL 1**

그녀의 전화번호를 압니까?	**Do you know** her phone number?
이 문제 아세요?	**Do you know** this question?
저 가게 아세요?	**Do you know** that shop?
모르세요? / 모르십니까?	**Don't you know?**
저 배우 모르세요?	**Don't you know** that actor?

무엇을 해야 할지 아세요?	**Do you know** what to do? 1
제 말이 무슨 뜻인지 알겠습니까?	**Do you know** what I mean? 2
그가 어디에 살고 있는지 알고 있습니까?	**Do you know** where he lives?
그가 오는지 안 오는지 알고 있습니까?	**Do you know** whether he will come or not?

1 **Do you know what to do?** 처럼 '목적어'를 나타내는 구(**phrase**)나 절(**clause**)을 활용한 문장 표현에 익숙해지면 표현력이 확장됩니다. 가령, '방법'을 나타낼 경우에는 **how to do**라고 합니다.

2 상대방이 자기 말을 이해하고 있는지 확인할 때 쓰는 표현으로. **Do you understand me?** 라고도 할 수 있습니다.

■ ACTUAL **CONVERSATION**

A 저 배우 알아?   Do you know that actor?
B No, I don't know. Who is he?   아니, 몰라. 누군데?
A He won an Oscar last year.   작년에 오스카 상을 탔어.
B Ah, for what movie?   아, 무슨 영화로?

| 자신의 생각을 표현하기 | ~(이)라고 생각합니다 | *I think ~* |

I think he is right.
그가 옳다**고 생각합니다.**

CHECK **POINT**

- 자기 생각을 표현하는 것으로, 문장 전체의 어감을 부드럽게 하는 역할을 하기도 합니다.
- '**I think** + **S** + **V** ~'의 부정형은 '**I don't think** + **S** + **V** ~(~라고 생각하지 않는다)'와 '**I think** + **S** + **don't** +**V** ~(~하지 않다고 생각하다)'로 할 수 있습니다. 전자의 어감이 좀 더 부드럽습니다.
  I don't think it will rain tonight.
  ≒ **I think it will not rain tonight.** (← 별로 사용되지 않음)
  (오늘 밤은 비가 내리지 않으리라고 생각합니다.)
- **I (don't) think** ~ 뒤에 '**that** + **S** + **V**'의 절이 올 수 있는데, 회화에서는 일반적으로 **that**을 생략합니다.
  I think (that) he is right. (그가 옳다고 생각합니다.)

■ PATTERN **DRILL 1**

그렇게 생각합니다.	**I think** so. 1
도울 수 있으리라고 생각합니다.	**I think** I can help you.
당신 마음에 들 겁니다.	**I think** you will like it.
내일 비가 올 거라고 생각합니다.	**I think** it will rain tomorrow.
저는 그가 영리하다고 생각하지 않습니다.	**I don't think** he is clever.

■ PATTERN **DRILL 2**

그 일에 대해서는 당신이 옳다고 생각합니다.	**I think** you are right about that. ₂
당신은 의사 진찰을 받아야 한다고 생각합니다.	**I think** you should see a doctor.
오늘 밤은 눈이 오지 않으리라고 생각합니다.	**I don't think** it will snow tonight.
그들이 여기에 올 수 없을 거라고 생각합니다.	**I don't think** they can come here.

1 상대방이 말한 내용이나 질문에 대해 긍정을 표시하거나 맞장구를 치는 표현입니다. 또한 상대방의 의견에 찬성할 때는 '**I think so too.**'라고 합니다.
반대로 부정할 때는 '**I don't think so.**(그렇게 생각하지 않습니다)'라고 하며, 상대방에게 동의를 구할 때는 **Don't you think so?**(그렇게 생각하지 않습니까?)라고 합니다.

2 상대방의 생각이나 말을 긍정할 때 쓰는 표현으로, 강조할 때는 **quite**를 사용하여 **I think you are quite right.**(당신이 정말 옳다고 생각합니다.)라고 말합니다. 반대로 상대방의 생각을 부정할 때는 **I don't think you are right.**(당신이 옳다고 생각지 않습니다.)라고 말합니다. 더 강하게 '당신은 틀렸어요.'라고 말하고 싶을 때는 **I think you are wrong.**이라고 합니다.

※ '~(이)라고 생각하다'의 다른 표현법

· **I guess** ~ : (짐작해서) ~(이)라고 생각하다
  I guess she will come soon. (그녀가 곧 오리라고 생각합니다.)

· **I suppose** ~ : (추측해서) ~(이)라고 생각하다
  I suppose the answer is correct. (그 대답이 옳다고 생각합니다.)

· **I'm afraid** ~ : (좋지 않은 일을 예상하여) ~(이)라고 생각하다
  I'm afraid he won't come. (그는 오지 않을 거라고 생각합니다.)

■ ACTUAL **CONVERSATION**

A	I'd like to visit you at work. What time is convenient?	당신 사무실에 방문하려는데, 언제가 편하세요?
B	오늘은 외부에 있을 것 같은데요.	I think I might be out of the office today.
A	How about tomorrow?	내일은 어떠세요?
B	2시가 좋을 것 같습니다.	I think 2 o'clock would be okay.

상대방의 생각을 물어보기	~(이)라고 생각하십니까? / ~(이)라고 생각하지 않습니까?	*Do you think ~? / Don't you think ~?*

Do you think she will come?

그녀가 올 것**이라고 생각하십니까**?

CHECK **POINT**

- '**Do you think** ~?'는 상대방의 생각을 물어보는 표현이고, '**Don't you think** ~?'는 상대방에게 확인하거나 동의를 구하는 표현입니다.

- **Do**[**Don't**] **you think** ~? 뒤에 '**S + V**'로 이루어진 절이 나올 경우, 절 앞에 **that**을 쓰기도 하는데, 회화에서는 보통 생략됩니다.

- **Do you think** ~? / **Don't you think** ~?에 응답하는 법
  ① 긍정 (그렇게 생각할 때)
  Yes, I think so. (예, 그렇게 생각합니다.)
  Yes, definitely. (예, 분명합니다.)
  ② 부정 (그렇게 생각하지 않을 때)
  No, I don't think so. / No, I think not.
  (아니오, 저는 그렇게 생각하지 않습니다.)

■ PATTERN **DRILL 1**

그렇게 생각하십니까?	**Do you think** so? 1
그가 잘못했다고 생각하십니까?	**Do you think** he is wrong?
그녀가 진심이라고 생각하십니까?	**Do you think** she is serious?
그렇게 생각하지 않으세요?	**Don't you think** so? 2
그가 옳다고 생각하지 않으세요?	**Don't you think** he is right?

그걸로 만족하십니까?	**Do you think** it's all right?
너무 비싸다고 생각하십니까?	**Do you think** it's too expensive?
눈이 올 것 같지 않나요?	**Don't you think** it will snow?
그녀가 이기적이라고 생각하지 않으세요?	**Don't you think** she is selfish?

1 상대방의 말이나 생각을 확인하거나 단순히 맞장구 치는 가벼운 의미로 회화 중에 자주 사용되는 표현입니다. '정말'을 강조하여 묻고 싶을 때는 **Do you really think so**?라고 말합니다.

2 상대방에게 자기가 한 말을 찬성해 주기를 바라는 마음을 담은 표현입니다.

※ 부정의문문 대답하는 법

Don't you think ~?(~라고 생각하지 않으세요?)라고 부정형으로 물어올 때의 대답은 **Do you think** ~?의 경우와 같습니다. 긍정의 대답은 **Yes**, 부정의 대답은 **No**로 대답합니다. 한국어대로 '예, 그렇게 생각하지 않습니다.'라고 할 때 '**Yes, I don't think so.**'라고 대답하면 틀립니다.

'옳다'고 생각할 때 → **Yes, I think so.**

'옳지 않다'고 생각할 때 → **No, I don't think so.**

Do you think he is right? (그가 옳다고 생각하십니까?)

Don't you think he is right? (그가 옳다고 생각하지 않으십니까?)

■ ACTUAL **CONVERSATION**

A	I read this book last week.	지난주에 이 책 읽었어.
B	Really? 재미있다고 생각해?	정말? Do you think it is interesting?
A	I think so.	그렇다고 생각해.
B	I'll borrow it from a library tomorrow.	내일 도서관에서 빌려야겠다.

자신의 기분 표현하기	~(이)라고 느낍니다	*I feel ~*

I feel lonely.
외로워요.

CHECK **POINT**

- **I feel** 뒤에 형용사를 써서 기분을 나타냅니다.

  I feel well. (기분[컨디션]이 좋아.)

  I feel great. (기분이 최고야.)

  I feel much better. (기분이 많이 좋아졌어.)

  I feel happy. (즐거워. / 행복해.)

  I feel sad. (슬퍼.)

  I feel cold. (추워.)

  I feel warm. (따뜻해.)

  I feel sleepy. (졸려.)

  I feel dizzy. (어지러워.)

  I feel nauseous. (토할 것 같아.)

■ PATTERN **DRILL 1**

기분[컨디션]이 좋습니다.	**I feel** fine.
몸이 안 좋습니다. / 토할 것 같습니다.	**I feel** sick. 1
기분이 우울합니다.	**I feel** depressed.
무척 피곤합니다.	**I feel** really tired.
그 일은 죄송하게 생각합니다.	**I feel** bad about that. 2

■ PATTERN **DRILL 2**

그녀가 불쌍합니다.	**I feel** sorry for her.
저는 그의 시선이 등에 닿는 것을 느꼈습니다.	**I felt** his eyes on my back. 3
오른쪽 발에 통증을 느낍니다.	**I feel** a pain in my right foot.
그가 그렇게 불쌍하다고 생각하지 않습니다.	I don't **feel** much pity for him.

1 **sick**은 '병든'이라는 의미 외에 '메스꺼운'이라는 뜻도 있습니다.

2 **feel bad (about ~)**은 '~을/를 유감스럽게 느끼다, ~을/를 후회하다'는 의미입니다. 또한 '기분이 좋지 않다'라는 의미도 있어 '**I feel bad today.**'라고 하면 '오늘은 기분이 좋지 않습니다.'라는 뜻이 됩니다.

3 **feel A's eyes on** ~을 직역하면 '~에 **A**의 눈을 느끼다'로, 즉 '~에 **A**의 시선을 느끼다'는 말이 됩니다.

※ **feel like** ~ (~처럼 느끼다)

· **I feel like** + 명사 (~을/를 하고 싶다 / ~인 것 같다)

I feel like a cup of coffee. (커피 한 잔을 마시고 싶다.)

I feel like a star. (스타가 된 기분이다.)

· **I feel like** -ing (동명사) (~하고 싶은 느낌이 든다)

I feel like having a cup of tea. (차를 한 잔 마시고 싶은 기분이다.)

I don't feel like doing anything tonight. (오늘 밤은 아무것도 하고 싶지 않다.)

■ ACTUAL **CONVERSATION**

A How do you feel about your break-up?	당신의 이별에 대해 어떠세요?
B 그 일로 속상해요.	I feel bad about it.
A Are you okay?	괜찮아요?
B No, but I'll recover after some time.	아니요, 하지만 시간이 좀 지나면 회복될 거예요.

| 다른 사람/사물을 대신 시키기 | (사람/사물)에게 (동작)
하게 합니다(시킵니다) | *I make ~ / I have ~ / I let ~* |

I made him clean the bathroom.

저는 그에게 욕실을 청소**시켰습니다**.

CHECK **POINT**

- 사역동사 **make**, **have**, **let**은 'make/have/let + O(사람 등) +동사원형'는 'O에게 ~시키다'라는 뜻입니다. 이 문형(**S** + **V** + **O** + **C**)에서 목적격보어(**C**)는 동사원형을 씁니다.

- 사역동사는 '(사람에게) ~시키다'라는 의미로 상대방에게 어떤 동작이나 상태를 일으키는 동사이지만, 각 동사 별로 어감의 차이가 있습니다.

  ① **make** : (강제적으로) ~시키다

  ② **have** : (make보다 약한 강제) ~시키다, ~하게 하다

  ③ **let** : (허가하여) ~시키다, 자유롭게 ~하게 두다

■ PATTERN **DRILL 1**

저는 그를 억지로 가게 했습니다.	**I made** him go against his will.
그녀에게 내 숙제를 도와주도록 했습니다.	**I had** her help me with my homework.
저는 그를 가게 했습니다. / 저는 그를 놓아주었습니다.	**I let** him go.
그가 당신에게 곧 전화하도록 하겠습니다.	I will **have** him call you back soon.
저는 머리를 잘랐습니다.	**I had** my hair cut.

동생에게 내 방을 청소하게 했습니다.	**I got** my room cleaned by my brother.
그에게 내 차를 세차하게 해야지.	**I will get** him to wash my car.
(수리를 맡겨) 내 시계를 고쳤습니다.	**I got** my watch repaired.
내 카메라를 도둑맞았습니다.	**I had** my camera stolen. ₂

1   주어의 의지로 주어에게 이익이 되도록 ~하게 하다(시키다)라는 의미이므로, 사역문
     입니다.

2   주어의 의지가 아니라 주어에게 피해가 되는 것을 (당하다)라는 수동의 의미를 나
     타내는 문장입니다.

> ※ 사역동사 **get**
> 동사 **get**도 '~시키다'는 '사역' 용법이 있는데 '**get + O**(사람 등) **+ to 동사원형**' 형식으
> 로 다른 사역동사와는 달리 목적격보어(**C**)에 '**to + 동사원형**'을 쓰는 것에 주의합니다.
> **I got him to paint the house.= I had him paint the house.**
> (나는 그에게 집에 페인트칠을 하게 했다.)
> **have, get**을 사용한 '**S + V + O**(물건 등) **+ C**' 문형 중, 목적격보어(**C**)에 '과거분사'를 쓰
> 는 경우가 있는데, '사역'과 '수동'을 나타낼 수 있습니다.

■ ACTUAL **CONVERSATION**

A 어제 딸에게 자기 방을 치우라고 시켰어.	I made my daughter clean her room yesterday.
B Did she clean it?	깨끗하게 치웠어?
A No, not really. In the end, I cleaned it myself.	아니, 그렇지 않았어. 결국 내가 청소했지.
B I think she is too young to clean by herself.	걔가 스스로 청소하기에는 너무 어린 것 같아.

too A to B 'B하기에는 너무 A하다'

Speaking
Training
16~20

다음 문장을 영어로
크게 말해보세요!

16 Do you know ~?

- ☐ 그녀의 전화번호를 압니까?
- ☐ 이 문제 아세요?
- ☐ 저 가게 아세요?
- ☐ 모르세요? / 모르십니까?
- ☐ 저 배우 모르세요?

- ☐ 무엇을 해야 할지 아세요?
- ☐ 제 말이 무슨 뜻인지 알겠습니까?
- ☐ 그가 어디에 살고 있는지 알고 있습니까?
- ☐ 그가 오는지 안 오는지 알고 있습니까?

17 I think ~

- ☐ 그렇게 생각합니다.
- ☐ 도울 수 있으리라고 생각합니다.
- ☐ 당신 마음에 들 겁니다.
- ☐ 내일 비가 올 거라고 생각합니다.
- ☐ 저는 그가 영리하다고 생각하지 않습니다.

- ☐ 그 일에 대해서는 당신이 옳다고 생각합니다.
- ☐ 당신은 의사 진찰을 받아야 한다고 생각합니다.
- ☐ 오늘 밤은 눈이 오지 않으리라고 생각합니다.
- ☐ 그들이 여기에 올 수 없을 거라고 생각합니다.

18 Do you think ~? / Don't you think ~?

- ☐ 그렇게 생각하십니까?
- ☐ 그가 잘못했다고 생각하십니까?
- ☐ 그녀가 진심이라고 생각하십니까?
- ☐ 그렇게 생각하지 않으세요?
- ☐ 그가 옳다고 생각하지 않으세요?

- [ ] 그걸로 만족하십니까?
- [ ] 너무 비싸다고 생각하십니까?
- [ ] 눈이 올 것 같지 않나요?
- [ ] 그녀가 이기적이라고 생각하지 않으세요?

19 I feel ~

- [ ] 기분이 좋습니다.
- [ ] 몸이 안 좋습니다. / 토할 것 같습니다.
- [ ] 기분이 우울합니다.
- [ ] 무척 피곤합니다.
- [ ] 그 일은 죄송하게 생각합니다.

- [ ] 그녀가 불쌍합니다.
- [ ] 저는 그의 시선이 등에 닿는 것을 느꼈습니다.
- [ ] 오른쪽 발에 통증을 느낍니다.
- [ ] 그가 그렇게 불쌍하다고 생각하지 않습니다.

20 I make ~ / I have ~ / I let ~

- [ ] 저는 그를 억지로 가게 했습니다.
- [ ] 그녀에게 내 숙제를 도와주도록 했습니다.
- [ ] 저는 그를 가게 했습니다. / 저는 그를 놓아주었습니다.
- [ ] 그가 당신에게 곧 전화하도록 하겠습니다.
- [ ] 저는 머리를 잘랐습니다.

- [ ] 동생에게 내 방을 청소하게 했습니다.
- [ ] 그에게 내 차를 세차하게 해야지.
- [ ] 내 시계를 고쳤습니다.
- [ ] 내 카메라를 도둑맞았습니다.

I feel ~	I make ~ / I have~ / I let ~

| Do you think ~? / Don't you think ~? | |

| I think ~ | Do you know ~? |

16 그녀의 전화번호를 압니까?

이 문제 아세요?

저 가게 아세요?

모르세요? / 모르십니까?

저 배우 모르세요?

무엇을 해야 할지 아세요?

제 말이 무슨 뜻인지 알겠습니까?

그가 어디에 살고 있는지 알고 있습니까?

그가 오는지 안 오는지 알고 있습니까?

----

17 그렇게 생각합니다.

도울 수 있으리라고 생각합니다.

당신 마음에 들 겁니다.

내일 비가 올 거라고 생각합니다.

저는 그가 영리하다고 생각하지 않습니다.

그 일에 대해서는 당신이 옳다고 생각합니다.

당신은 의사 진찰을 받아야 한다고 생각합니다.

오늘 밤은 눈이 오지 않으리라고 생각합니다.

그들이 여기에 올 수 없을 거라고 생각합니다.

18 그렇게 생각하십니까?

그가 잘못했다고 생각하십니까?

그녀가 진심이라고 생각하십니까?

그렇게 생각하지 않으세요?

그가 옳다고 생각하지 않으세요?

그걸로 만족하십니까?

너무 비싸다고 생각하십니까?

눈이 올 것 같지 않나요?

그녀가 이기적이라고 생각하지 않으세요?

19 기분[컨디션]이 좋습니다.

몸이 안 좋습니다. / 토할 것 같습니다.

기분이 우울합니다.

무척 피곤합니다.

그 일은 죄송하게 생각합니다.

그녀가 불쌍합니다.

저는 그의 시선이 등에 닿는 것을 느꼈습니다.

오른쪽 발에 통증을 느낍니다.

그가 그렇게 불쌍하다고 생각하지 않습니다.

20 저는 그를 억지로 가게 했습니다.

그녀에게 내 숙제를 도와주도록 했습니다.

저는 그를 가게 했습니다. / 저는 그를 놓아주었습니다.

그가 당신에게 곧 전화하도록 하겠습니다.

저는 머리를 잘랐습니다.

동생에게 내 방을 청소하게 했습니다.

그에게 내 차를 세차하게 해야지.

(수리를 맡겨) 내 시계를 고쳤습니다.

내 카메라를 도둑맞았습니다.

A 저 배우 알아?

B 아니, 몰라. 누군데?
No, I don't know. Who is he?

A 당신 사무실에 방문하려는데, 언제가 편하세요?
I'd like to visit you at work. What time is convenient?

B 오늘은 외부에 있을 것 같은데요.

A 지난주에 이 책 읽었어.
I read this book last week.

B 정말? 재미있다고 생각해?
Really?

A 당신의 이별에 대해 어떠세요?
How do you feel about your break-up?

B 그 일로 속상해요.

A 어제 딸에게 자기 방을 치우라고 시켰어.

B 깨끗하게 치웠어?
Did she clean it?

| 원하는 것을 표현하기 | ~이/가 필요합니다 / ~을/를 원합니다 | *I need* + 명사 |

I need your help.
당신의 도움**이 필요합니다**.

CHECK **POINT**

- '**I need** + 명사'는 **need** 뒤에 '필요한 것, 원하는 것'을 씁니다. '~할(행위) 필요가 있다'라고 할 때는 '**to+동사원형**'을 씁니다.
- 부정문이나 의문문에서는 **need**가 '조동사'로 형식적이지만, 회화에서는 보통 본동사로 쓰입니다.
  You need not come.(조동사)
  = **You don't need to come.**(본동사)
    (당신은 올 필요가 없습니다.)
  Need I go there?(조동사)
  = **Do I need to go there?**(본동사)
    (내가 거기에 갈 필요가 있습니까?)

■ PATTERN **DRILL 1**

당신이 필요합니다.	**I need** you.
당신의 충고를 원합니다.	**I need** your advice.
약을 원합니다. / 약이 필요합니다.	**I need** some medicine.
좀 쉬고 싶습니다.	**I need** some rest.
휴가가 필요합니다.	**I need** a vacation.

결정하려면 시간이 조금 더 걸립니다.	**I need** more time to decide.
의사에게 진찰 받을 필요가 있습니다.	**I need** to see a doctor.
당신에게 얘기할 필요가 있습니다.	**I need** to talk to you.
그걸 할 필요가 없습니다.	**I** don't **need** to do that.

※ **I need** +**A**(사람) + **to** + 동사원형

(**A**에게 ~하게 할 필요가 있다. **A**에게 ~을/를 하게 하고 싶다)

'남에게 ~하게 할 필요가 있다'고 말할 때, **need** 뒤에는 대상이 될 사람, 그 뒤에 '**to 동사원형**'이 옵니다.

I need you to see him. (당신이 그를 만났으면 한다.)

■ ACTUAL **CONVERSATION**

A 내 소유의 아파트가 필요해.	I need my own apartment.
B You live with your parents.	넌 부모님이랑 같이 살잖아.
A But I want to be independent.	하지만 독립하고 싶어서.
B Okay, but it's hard to find one these days.	그래, 하지만 요즘 찾기 어려워.

it's hard to + 동사원형 '~하기 어렵다', **it's easy to** + 동사원형 '~하기 쉽다'

확신 여부를 표현하기	~을/를 확신합니다	*I'm sure ~*

I'm sure I can do it.

그걸 할 수 있다고 **확신합니다**.

CHECK **POINT**

- 뒤에 나오는 내용에 대해 확신함을 나타내는 표현입니다.
- 부정형 **I'm not sure** ~는 '~은/는 잘 모르겠습니다, ~에는 확신이 없습니다.'라는 의미입니다.
  ① **I'm (not) sure of[about]** + 명사.
  ② **I'm (not) sure (that)** + **S** + **V**.
  ③ **I'm (not) sure** + 〈**의문사** /**whether** / **if**〉 + **S** + **V**.
  ④ **I'm(not) sure** + 의문사 + **to** 동사원형.
- 의문형의 **Are you sure** ~?(확실히 ~(이)라고 생각합니까?) 도 자주 사용되는 표현입니다.
  Are you sure? (확실합니까? / 정말입니까?)
  Are you sure you can do it? (당신은 정말 그것을 할 수 있습니까?)

■ PATTERN **DRILL 1**

그건 아주 확실합니다. / 거기에 정말 자신이 있습니다.	**I'm** quite **sure** of it. 1
확실히 예약했습니다.	**I'm sure** (that) I have a reservation.
그가 꼭 오리라고 생각합니다.	**I'm sure** (that) he will come.
당신은 꼭 성공하리라 생각합니다.	**I'm sure** (that) you will succeed.
분명히 문을 잠갔습니다.	**I'm sure** (that) I locked the door.

잘 모르겠습니다.	**I'm** not **sure.**
그녀의 주소를 잘 모릅니다.	**I'm** not **sure** of her address.
당신이 하는 말을 잘 모르겠습니다.	**I'm** not **sure** what you mean.
어디로 가야 할지 모르겠습니다.	**I'm** not **sure** where to go.

1   sure를 강조할 때는 '**quite**'를 사용하여 **quite sure**(아주 확실하다)라고 합니다. **not quite sure**는 '별로 확실하지 않다'가 됩니다.

■ ACTUAL **CONVERSATION**

A You seem so nervous.	긴장한 것처럼 보이는데.
B I'm waiting for the result of the exam.	시험 결과를 기다리고 있어.
A Don't worry. 넌 꼭 합격할 거야.	걱정하지 마. I'm sure you'll pass it.
B Thank you.	고마워.

pass the exam '시험에 합격하다'

유감이나 염려를 표현하기	유감이지만[죄송하지만] ~입니다/~일 것 같습니다	*I'm afraid ~*

I'm afraid I can't go.
유감이지만 저는 갈 수 없습니다.

CHECK **POINT**

- 형용사 **afraid**는 '두려워하다'라는 뜻 외에, '걱정하다, 염려하다, 망설이다' 등의 의미도 있어, **'I'm afraid~'**는 좋지 않은 일이나 걱정스러운 일을 예상하여 '~가 아닐 것이라고 생각합니다'라는 의미로도 쓰입니다. **'I'm afraid'**는 어감을 좀 더 부드럽게 합니다.
- **I'm afraid**는 주로 문장 앞에 오고, 뒤에 '**S + V**'가 올 때 보통 **that**은 생략됩니다. 가끔 문장 뒤에 붙기도 합니다.
  You are wrong, I'm afraid.
  (아무래도 당신이 틀린 것 같습니다.)

■ PATTERN **DRILL 1**

죄송하지만 지금 가야겠습니다.	**I'm afraid** I should be going now.
유감이지만 도와드릴 수 없습니다.	**I'm afraid** I can't help you.
죄송하지만 그는 외출 중입니다.	**I'm afraid** he is out right now. 1
실례지만 전화번호가 틀린 것 같습니다.	**I'm afraid** you have the wrong number. 2
아무래도 열쇠를 잃어버린 것 같습니다.	**I'm afraid** I lost my key.

유감이지만 그녀는 오지 않을 것입니다.	**I'm afraid** she won't come.
아무래도 비가 올 것 같습니다.	**I'm afraid** it's going to rain.
유감이지만 그렇습니다. / 그런 것 같습니다.	**I'm afraid** so. 3
유감스럽게도 그렇지 않습니다. / 그렇지 않은 것 같습니다.	**I'm afraid** not. 4

1 / 2 전화통화에서 쓰일 수 있는 표현입니다.

3 / 4 'I'm afraid so.'는 상대방의 말을 긍정할 때, 'I'm afraid not.'은 상대방이 말한 것을 부정할 때 할 수 있는 대답입니다. 여기에서 'so, not'은 상대가 말한 것을 대용합니다.

A : Is the news true? (그 소식은 사실입니까?)

B : I'm afraid so. (= I'm afraid it is true.) (유감스럽게도 그렇습니다.) → 사실입니다.

I'm afraid not. (= I'm afraid it is not true.) (유감스럽게도 그렇지 않습니다.) → 사실이 아닙니다.

■ ACTUAL **CONVERSATION**

A	Can I borrow some money?	돈 좀 빌려 줄 수 있어?
B	What's wrong?	무슨 일인데?
A	My wallet was stolen.	지갑을 도둑맞았어.
B	미안하지만 돈이 없어.	I'm afraid I have no money.

borrow '빌리다'와 비슷한 단어로 **lend**가 있는데, 이것은 '빌려주다'라는 의미.

사과나 유감을 표현하기	~을/를 미안하게[죄송하게] 생각합니다	*I am sorry ~*

I am sorry for the mistake.
실수해서 **죄송합니다**.

CHECK **POINT**

- 형용사 **sorry**는 '미안하게(죄송하게) 생각하다, 유감스 럽게 생각하다'라는 뜻이 있어, '**I am sorry**'는 '미안 합니다(사과)', '유감입니다(유감, 동정)'라는 의미로 쓰입 니다. **very**나 **so**를 덧붙여 강조할 수 있습니다. 회화 에서는 대개 '**I'm sorry ~**'라고 합니다.
  I am sorry for[**about**] + **명사** (~을/를 미안하게 생각하다)
  I am sorry (**that**) + **S** + **V** (~한 것을 미안하게 생각하다)
  I am sorry to + **동사원형** (~해서 미안하게 생각하다)
  I am sorry, but I can't. (미안합니다만, 저는 할 수 없습니다.)
  I am sorry to say (**that**) **I cannot come to the party**.
  (유감스럽게도 파티에는 갈 수 없습니다.)

■ PATTERN **DRILL 1**

늦어서 죄송합니다.	**I'm sorry** to be late.
가지 못해 죄송합니다.	**I'm sorry** (that) I couldn't come. 1
염려[불편]를 끼쳐 정말 죄송합니다.	**I'm** very **sorry** for the inconvenience.
불편[수고]을 끼쳐 죄송합니다.	**I'm sorry** to trouble you. 2
기다리게 해서 죄송합니다.	**I'm sorry** to have kept you waiting.

■ PATTERN **DRILL 2**

그 소식을 듣게 되어 유감입니다.	**I'm sorry** to hear that.
그녀가 불쌍합니다.	**I'm sorry** for her.
불행에 유감의 뜻을 표합니다.	**I'm sorry** about your misfortune.
아버지가 편찮으시다니 안됐습니다.	**I'm** very **sorry** (that) your father is ill.

1   부득이 약속을 지키지 못하여 초대에 응하지 못할 때 '**I'm sorry I can't make it**.'이
    라고 사과하는 것이 예의입니다.

2   비슷한 표현으로 '**I'm sorry to bother you**.'가 있습니다.

※ **다시 물을 때 쓰는 sorry**
상대방의 말을 잘 (알아)듣지 못했을 때 말끝을 올려서 '**Sorry?**'로 하면 '뭐라고 말하
셨습니까?(**=Pardon?**)'라고 되묻는 표현이 됩니다.

■ ACTUAL **CONVERSATION**

A 늦어서 미안해요.   I'm sorry for being late.

B That's okay.   괜찮아요.

A My grandfather passed away last   할아버지가 지난밤에 돌아가셨어요.
   night.

B Really? 유감이군요.   정말요? I'm so sorry for it.

기쁜 감정을 표현하기	~해서 기쁩니다	*I am glad ~*

I am glad to be with you.

당신과 함께 있어 **기쁩니다**.

CHECK **POINT**

- 이 구문은 '기쁜 마음'을 나타내는 표현으로, 회화에 서는 **I'm glad~**라고 합니다. 뒤에는 다음과 같이 쓸 수 있습니다.

  ① **I am glad at[about/of]** + 명사 (~이/가 기쁘다)

  ② **I am glad (that)** + **S** + **V** (~(이)라는 것이 기쁘다)

  ③ **I am glad to** + 동사원형 (~해서 기쁘다)

- '**I will be glad to ~**'(기쁘게 ~하겠습니다)는 미래 시제에 사용하며, **be glad to ~**는 '기쁘게 ~하다'는 의미입니다.

  I'll be glad to do what I can.

  (제가 할 수 있는 것은 기꺼이 하겠습니다.)

  A : Will you be coming? (당신은 올 수 있습니까?)

  B : Yes, I will be glad to. (예, 기꺼이.)

■ PATTERN **DRILL 1**

그 소식을 듣게 되어 기쁩니다.	**I'm glad** at the news.
만나서 반갑습니다. / 처음 뵙겠습니다.	**I'm glad** to meet you. 1
만나서 즐거웠습니다.	**I'm glad** to have met you. 2
정말 잘됐군요.	**I'm glad** to hear that. 3
마음에 드신다니 기쁩니다.	**I'm glad** (that) you like it.

■ PATTERN **DRILL 2**

내가 거기에 없어서 정말 다행입니다.	**I'm very glad** (that) I wasn't there.
도움을 드릴 수 있어서 기쁩니다.	**I'm glad** (that) I could help.
당신의 성공을 기쁘게 생각합니다.	**I'm glad** about your success.
다시 만나게 되어 반갑습니다.	**I'm glad** to see you again.

1   **meet**는 처음 만난 경우 쓰는 표현입니다.
2   처음 만난 상대와 헤어질 때 하는 인사말입니다.
3   상대의 말을 듣고 '그 말을 들으니 기쁘다'라는 표현입니다.

■ ACTUAL **CONVERSATION**

A I got a new job last week.	지난주에 새 직장을 구했어요.
B Wonderful! 그것을 들으니 기뻐요.	대단해요! I'm glad to hear that.
A Thank you. I was the company's first choice.	고마워요. 회사에서 날 제일 먼저 뽑았대요.
B Good for you!	축하해요!

Speaking
Training

21~25

다음 문장을 영어로
크게 말해보세요!

21 I need + 명사

☐ 당신이 필요합니다.

☐ 당신의 충고를 원합니다.

☐ 약을 원합니다. / 약이 필요합니다.

☐ 좀 쉬고 싶습니다.

☐ 휴가가 필요합니다.

☐ 결정하려면 시간이 조금 더 걸립니다.

☐ 의사에게 진찰받을 필요가 있습니다.

☐ 당신에게 얘기할 필요가 있습니다.

☐ 그걸 할 필요가 없습니다.

22 I'm sure ~

☐ 그건 아주 확실합니다. / 거기에 정말 자신이 있습니다.

☐ 확실히 예약했습니다.

☐ 그가 꼭 오리라고 생각합니다.

☐ 당신은 꼭 성공하리라 생각합니다.

☐ 분명히 문을 잠갔습니다.

☐ 잘 모르겠습니다.

☐ 그녀의 주소를 잘 모릅니다.

☐ 당신이 하는 말을 잘 모르겠습니다.

☐ 어디로 가야 할지 모르겠습니다.

23 I'm afraid ~

☐ 죄송하지만 지금 가야겠습니다.

☐ 유감이지만 도와드릴 수 없습니다.

☐ 죄송하지만 그는 외출 중입니다.

☐ 실례지만 전화번호가 틀린 것 같습니다.

☐ 아무래도 열쇠를 잃어버린 것 같습니다.

☐ 유감이지만 그녀는 오지 않을 것입니다.

☐ 아무래도 비가 올 것 같습니다.

☐ 유감이지만 그렇습니다. / 그런 것 같습니다.

☐ 유감스럽게도 그렇지 않습니다. / 그렇지 않은 것 같습니다.

24 I am sorry ~

☐ 늦어서 죄송합니다.

☐ 가지 못해 죄송합니다.

☐ 염려를 끼쳐 정말 죄송합니다.

☐ 불편을 끼쳐 죄송합니다.

☐ 기다리게 해서 죄송합니다.

☐ 그 소식을 듣게 되어 유감입니다.

☐ 그녀가 불쌍합니다.

☐ 불행에 유감의 뜻을 표합니다.

☐ 아버지가 편찮으시다니 안됐습니다.

25 I am glad ~

☐ 그 소식을 듣게 되어 기쁩니다.

☐ 만나서 반갑습니다. / 처음 뵙겠습니다.

☐ 만나서 즐거웠습니다.

☐ 정말 잘됐군요.

☐ 마음에 드신다니 기쁩니다.

☐ 내가 거기에 없어서 정말 다행입니다.

☐ 도움을 드릴 수 있어서 기쁩니다.

☐ 당신의 성공을 기쁘게 생각합니다.

☐ 다시 만나게 되어 반갑습니다.

아래의 패턴을 이용하여
영어로 써보세요!

I'm sure ~

I'm afraid ~

I need + 명사

I am sorry ~

I am glad ~

---

21 당신이 필요합니다.

당신의 충고를 원합니다.

약을 원합니다. / 약이 필요합니다.

좀 쉬고 싶습니다.

휴가가 필요합니다.

결정하려면 시간이 조금 더 걸립니다.

의사에게 진찰 받을 필요가 있습니다.

당신에게 얘기할 필요가 있습니다.

그걸 할 필요가 없습니다.

---

22   그건 아주 확실합니다. / 거기에 정말 자신이 있습니다.

확실히 예약했습니다.

그가 꼭 오리라고 생각합니다.

당신은 꼭 성공하리라 생각합니다.

분명히 문을 잠갔습니다.

잘 모르겠습니다.

그녀의 주소를 잘 모릅니다.

당신이 하는 말을 잘 모르겠습니다.

어디로 가야 할지 모르겠습니다.

---

23   죄송하지만 지금 가야겠습니다.

유감이지만 도와드릴 수 없습니다.

죄송하지만 그는 외출 중입니다.

실례지만 전화번호가 틀린 것 같습니다.

아무래도 열쇠를 잃어버린 것 같습니다.

유감이지만 그녀는 오지 않을 것입니다.

아무래도 비가 올 것 같습니다.

유감이지만 그렇습니다. / 그런 것 같습니다.

유감스럽게도 그렇지 않습니다. / 그렇지 않은 것 같습니다.

---

24   늦어서 죄송합니다.

가지 못해 죄송합니다.

염려[불편]를 끼쳐 정말 죄송합니다.

불편[수고]을 끼쳐 죄송합니다.

기다리게 해서 죄송합니다.

그 소식을 듣게 되어 유감입니다.

그녀가 불쌍합니다.

불행에 유감의 뜻을 표합니다.

아버지가 편찮으시다니 안됐습니다.

25   그 소식을 듣게 되어 기쁩니다.

만나서 반갑습니다. / 처음 뵙겠습니다.

만나서 즐거웠습니다.

정말 잘됐군요.

마음에 드신다니 기쁩니다.

내가 거기에 없어서 정말 다행입니다.

도움을 드릴 수 있어서 기쁩니다.

당신의 성공을 기쁘게 생각합니다.

다시 만나게 되어 반갑습니다.

A 내 소유의 아파트가 필요해.

B 넌 부모님이랑 같이 살잖아.

You live with your parents.

A 시험 결과를 기다리고 있어.

I'm waiting for the result of the exam.

B 걱정하지 마. 넌 꼭 합격할 거야.

Don't worry.

A 돈 좀 빌려 줄 수 있어? 지갑을 도둑맞았어.

Can I borrow some money? My wallet was stolen.

B 미안하지만 돈이 없어.

A 늦어서 미안해요.

B 괜찮아요.

That's okay.

A 지난주에 새 직장을 구했어요.

I got a new job last week.

B 대단해요! 그것을 들으니 기뻐요.

Wonderful!

감사의 마음을 표현하기	~(에) 감사합니다	*Thank you ~*

Thank you for your help.
도와주셔서 **감사합니다**.

CHECK **POINT**

- 동사 **thank**는 '~에 감사하다'라는 의미로, '**Thank you.**'는 '당신에게 감사드립니다, 고맙습니다'라는 뜻이 됩니다. 주어 **I**를 붙여 '**I thank you.**'라고 하면 격식을 갖춘 표현입니다.
- '**Thanks.**'는 '**Thank you.**'보다 좀 더 격식 없는 표현입니다.
- 감사의 내용을 구체적으로 나타낼 때는 뒤에 **for** + 명사/동명사를 덧붙입니다.
- **Thank you.**의 대답은 다음과 같습니다.
  You're (quite)welcome. / (It's) My pleasure. / The pleasure is mine. / Don't mention it. / Don't worry about it. / Not at all. / No problem.

■ PATTERN **DRILL 1**

편지 고맙습니다.	**Thank you** for your letter.
당신의 친절에 감사드립니다.	**Thank you** for your kindness.
전화 고마워.	**Thanks** for calling.
기다려 주셔서 고맙습니다.	**Thank you** for waiting.
여러모로 감사드립니다.	**Thanks** for everything.

■ PATTERN **DRILL 2**

도움에[저를 도와주셔서] 감사드립니다.	**Thank you** for your help[helping me].
초대해 주셔서 감사합니다.	**Thank you** very much for inviting me.
아무튼 고맙습니다.	**Thank you** anyway.　₁
아닙니다. / 괜찮습니다.	No, **thank you**[thanks].　₂

1 상대의 호의를 거절하거나 상대방이 이쪽의 요청에 따를 수 없게 되었을 때 어찌됐든 고맙다고 할 때 사용하는 표현입니다. '**Thank you just[all] the same.**'도 같은 의미입니다.

2 상대의 호의에 대해 '고맙습니다, 하지만 괜찮습니다'라고 정중하게 거절할 때는 '**No, thank you.**'라고 합니다. 반대로 호의를 받아들일 때는 **Yes, please.**(예, 부탁드립니다.)라고 합니다.
  A : **Would you like some more tea?** (차를 좀 더 드시겠습니까?)
  B : **Yes, please.** (예, 부탁드립니다.) / **No, thank you.** (아니오, 괜찮습니다.)

※ 감사의 정도를 강조하는 표현

Thank you very[so] much.	**Thanks very[so] much.**
Thanks a lot.	**Many[A thousand] thanks.**

■ ACTUAL **CONVERSATION**

A It's an invitation to my birthday.	내 생일파티 초대장이야.
B 오, 초대해 줘서 고마워.	Oh, thank you for inviting me.
A Could you come to the party?	파티에 올 수 있니?
B Of course. I'm looking forward to it.	물론이지. 기대되는데.

look forward to + 명사 '~을/를 기대하다', **to** 다음에 명사가 오는 것에 주의.

| 사물이나 사람을 지칭하기 this ① | 이것은 ~입니다 | *This is ~* |

This is my watch.

이것은 내 시계입니다.

CHECK POINT

- 말하는 사람을 기준으로 가까이 있는 것을 가리킬 때 this를 쓰며, 멀리 있는 것을 가리킬 때 that을 씁니다.
- 지시사 this, that은 서로 알고 있는 '사실, 사물'을 지칭합니다.
- 이 표현은 사물뿐만 아니라, 서로에게 소개하는 상황에서 '이쪽은 ~입니다'처럼 '사람'에게도 사용할 수 있습니다. this가 '이것'이라고 번역되므로 사람에게 사용하기에 알맞지 않다고 생각할 수 있지만 소개할 때 윗사람에게 써도 괜찮습니다. 또한 전화 통화에서 자신을 가리킬 때도 사용합니다.

■ PATTERN DRILL 1

이거 좋은데요. / 이거 맛있는데요.	**This is nice[good].** 1
당신을 위한 선물입니다.	**This is for you.** 2
제가 내겠습니다.	**This is my treat.** 3
이거야!	**This is it!**
이쪽은 제 남편[아내]입니다.	**This is my husband[wife].**

102

■ PATTERN **DRILL 2**

화이트 씨, 이쪽은 스완슨 씨입니다.	Mr. White, **this is** Ms. Swanson.
이쪽은 제 친구 잭 브라운입니다.	**This is** my friend, Jack Brown.
여보세요, 저는 화이트입니다.	Hello, **this is** Mrs. White (speaking). 4
예, 접니다.	**This is** he[she].

1   **nice, good**은 '음식이 맛있다'고 말할 때도 사용합니다.

2   선물을 건네면서 쓰는 표현입니다.

3   한턱낸다고 할 때 쓰는 표현입니다.

4   전화통화에서 쓰는 표현으로, **speaking**은 생략할 수 있습니다. '**Mr., Mrs., Miss**' 등을 붙일 수 있지만, 이때 경칭의 의미로 쓰인 것은 아닙니다.

■ ACTUAL **CONVERSATION**

A	What did you buy?	뭘 샀어?
B	I bought a scarf. 어머니 거야.	스카프를 하나 샀어. This is for my mother.
A	That's great! I'm sure she will like it.	그거 멋진데! 어머니가 마음에 들어 하실 거야.
B	I hope so.	그랬으면 좋겠어.

사물이나 사람을 지칭하기 **this** ②	이것은 ~입니까?	*Is this ~?*

Is this your umbrella?
이것은 당신의 우산**입니까**?

CHECK **POINT**

- 이 문형은 **PATTERN 27**의 의문형입니다. 대답은 **it**을 사용하여 긍정 대답은 **Yes**, **it is**.(예, 그렇습니다.), 부정 대답은 **No**, **it isn't**.(아니오, 그렇지 않습니다.)라고 합니다.

- 이 표현은 전화상에서 자신과 통화하는 상대가 누구인지 확인할 때도 사용합니다.
  미국에서는 **this**를, 영국에서는 **that**을 사용합니다.
  A : **Is this**[**that**] **Tom**? (톰입니까?)
  B : **Yes**, **speaking**. / **Yes**, **this is he**. (예, 그렇습니다.)

■ PATTERN **DRILL 1**

이것은 당신 것입니까?	**Is this** yours?
이것은 제게 주는 것입니까?	**Is this** for me? 1
이것은 새 것입니까?	**Is this** new?
이것은 맛있습니까?	**Is this** delicious?
이것은 공짜(무료)입니까?	**Is this** free? 2

■ PATTERN **DRILL 2**

이것은 할인 중입니까?	**Is this** on sale? 3
이 길이 역으로 가는 길 맞습니까?	**Is this** the right way to the station?
존입니까?	**Is this** John? 4
브라운 씨의 자택입니까?	**Is this** the Brown residence? 5

1 상대방이 선물을 주면서 **This is for you**.라고 할 때, 응답하는 표현입니다.

2 형용사 **free**는 '자유로운' 외에 '공짜의/면세의'라는 의미도 있습니다. **a free ticket**(무료 입장권/무료승차권), **a free sample**(무료 견본) 등으로 쓰입니다.

3 **on sale**은 '할인/팔려고 내놓은'이라는 뜻입니다.

4 / 5 전화 통화에서 쓰이는 표현으로, '**the** + 성씨 + **residence**'라고 하면 '~씨의 자택'을 뜻합니다.

■ ACTUAL **CONVERSATION**

A 이거 네 책이야?	Is this your book?
B No, that is Peter's.	아니야, 그건 피터 거야.
A 그럼, 이게 네 거야?	Then, is this yours?
B No, that is also Peter's. Mine is at home.	아니, 그것도 피터 거야. 내 건 집에 있어.

사물이나 사람을 지칭하기 that ①	저것은[그것은] ~입니다	*That is ~*

That is my book.
저것은 내 책**입니다**.

CHECK **POINT**

- 말하는 사람 기준으로 거리가 떨어져 있는 것을 가리켜 물어보는 표현입니다.
- 사물은 물론, 전에 언급한 물건이나 일을 가리킬 수 있습니다.
- 회화에서는 보통 '**That's** ~'라고 축약형으로 사용합니다.

■ PATTERN **DRILL 1**

저 아이는 내 딸입니다.	**That is** my daughter.
그거 좋은 생각이네요.	**That's** a good idea.
옳습니다. / 그걸로 됐어요.	**That's** right.
좋습니다. / 상관없습니다.	**That's** alright[okay]. 1
너무 안됐군요. / 그건 유감이군요.	**That's** too bad. 2

106

그걸로 충분합니다.	**That's** enough.
그게 전부입니다. / 그걸로 끝입니다.	**That's** all. 3
예, 그렇습니다. / 그게 전부입니다.	**That's** it!
그건 진실이 아닙니다. / 그건 거짓입니다.	**That's** not true.

1 다른 사람이 사과한 것에 대해 '괜찮습니다'라고 대답할 때 사용합니다.

2 상대방이 겪은 크고 작은 불행한 일을 두고 '안됐군요/안타깝군요'라고 동정할 때 사용합니다. 경우에 따라서는 비꼬는 의미가 되기도 합니다.

3 이야기의 흐름에 따라 '예, 그겁니다.'라고 동조의 의미를 나타냅니다. '그게 다(끝)입니다.(=**That's all.**)'라는 의미로 쓰일 때는 이제 적당히 끝내라는 짜증스러운 마음을 드러내기도 합니다.

■ ACTUAL **CONVERSATION**

A	What do I have to add?	뭘 추가해야 할까?
B	그걸로 좋은데.	**That's good.**
	You don't need to add anything.	더 추가할 필요 없어.
A	But I'm afraid that's not perfect.	하지만 완벽하지 않은 거 같아.
B	It's perfect! Keep it simple.	완벽해! 과유불급이라고.

| 사물이나 사람을 지칭하기 **that** ② | 저것은[그것은] ~입니까? | **Is that ~?** |

Is that your car?
저것은 당신의 차**입니까?**

CHECK **POINT**

- '거기 있는 사람'이라는 의미로 **that**이 사용될 때도
  있습니다.
  A : Who is that? (거기 있는 건 누구입니까?)
  B : It's me. (접니다.)
- 전화상에서 자신과 통화하는 상대가 누군지 확인할
  때도 사용합니다.

■ PATTERN **DRILL 1**

저것은 당신의 우산입니까?	**Is that** your umbrella?
저것은 당신의 코트입니까?	**Is that** your coat?
그렇습니까?	**Is that** so? 1
그게 사실입니까?	**Is that** true?
그것은 맞습니까? / 정확합니까?	**Is that** correct?

그걸로 괜찮으세요?	**Is that all right?**
그것뿐입니까?	**Is that all?**
알겠습니까? / 이해하셨습니까?	**Is that clear?** 2
메리입니까?	**Is that Mary?** 3

1 맞장구에 가까운 가벼운 의미로 '그렇습니까? / 그래?'라고 말할 때 사용되는 표현이지만, '(정말) 그렇습니까?'라고 다짐을 놓을 때 쓰이기도 합니다. **Is that right**?도 같은 의미로 사용할 수 있습니다.

2 상대방에게 자기가 말한 것을 잘 이해했는지 확인할 때 사용하는 표현입니다.

3 전화 통화에서 사용하는 표현입니다.

■ ACTUAL **CONVERSATION**

A I heard Mark went out with Jenny yesterday.	어제 마크가 제니랑 데이트했다고 들었어.
B Really? 그게 사실이야?	정말? Is that true?
A Maybe Mark cheated on his girlfriend.	아마도 마크가 바람 피우는 거 같아.
B I can't believe it.	믿을 수 없는데.

go out with '~와 데이트하다', **cheat on**+사람 '~에 대해 바람을 피우다'

Speaking *Training*

26~30

다음 문장을 영어로
크게 말해보세요!

26 Thank you ~

☐ 편지 고맙습니다.

☐ 당신의 친절에 감사드립니다.

☐ 전화 고마워.

☐ 기다려 주셔서 고맙습니다.

☐ 여러모로 감사드립니다.

☐ 도움에 감사드립니다.

☐ 초대해 주셔서 감사합니다.

☐ 아무튼 고맙습니다.

☐ 아닙니다. / 괜찮습니다.

27 This is ~

☐ 이거 좋은데요. / 이거 맛있는데요.

☐ 당신을 위한 선물입니다.

☐ 제가 내겠습니다.

☐ 이거야!

☐ 이쪽은 제 남편입니다.

☐ 화이트 씨, 이쪽은 스완슨 씨입니다.

☐ 이쪽은 제 친구 잭 브라운입니다.

☐ 여보세요, 저는 화이트입니다.

☐ 예, 접니다.

28 Is this ~?

☐ 이것은 당신 것입니까?

☐ 이것은 제게 주는 것입니까?

☐ 이것은 새 것입니까?

☐ 이것은 맛있습니까?

☐ 이것은 공짜입니까?

- [ ] 이것은 할인 중입니까?
- [ ] 이 길이 역으로 가는 길 맞습니까?
- [ ] 존입니까?
- [ ] 브라운 씨의 자택입니까?

29 That is ~

- [ ] 저 아이는 내 딸입니다.
- [ ] 그거 좋은 생각이네요.
- [ ] 옳습니다. / 그걸로 됐어요.
- [ ] 좋습니다. / 상관없습니다.
- [ ] 너무 안됐군요. / 그건 유감이군요.

- [ ] 그걸로 충분합니다.
- [ ] 그게 전부입니다. / 그걸로 끝입니다.
- [ ] 예, 그렇습니다. / 그게 전부입니다.
- [ ] 그건 진실이 아닙니다. / 그건 거짓입니다.

30 Is that ~?

- [ ] 저것은 당신의 우산입니까?
- [ ] 저것은 당신의 코트입니까?
- [ ] 그렇습니까?
- [ ] 그게 사실입니까?
- [ ] 그것은 맞습니까? / 정확합니까?

- [ ] 그걸로 괜찮으세요?
- [ ] 그것뿐입니까?
- [ ] 알겠습니까? / 이해하셨습니까?
- [ ] 메리입니까?

Is this ~?

That is ~

Is that ~?

Thank you ~

This is ~

26 편지 고맙습니다.

당신의 친절에 감사드립니다.

전화 고마워.

기다려 주서서 고맙습니다.

여러모로 감사드립니다.

도움에[저를 도와주서서] 감사드립니다.

초대해 주서서 감사합니다.

아무튼 고맙습니다.

아닙니다. / 괜찮습니다.

27　이거 좋은데요. / 이거 맛있는데요.

당신을 위한 선물입니다.

제가 내겠습니다.

이거야!

이쪽은 제 남편[아내]입니다.

화이트 씨, 이쪽은 스완슨 씨입니다.

이쪽은 제 친구 잭 브라운입니다.

여보세요, 저는 화이트입니다.

예, 접니다.

28　이것은 당신 것입니까?

이것은 제게 주는 것입니까?

이것은 새 것입니까?

이것은 맛있습니까?

이것은 공짜(무료)입니까?

이것은 할인 중입니까?

이 길이 역으로 가는 길 맞습니까?

존입니까?

브라운 씨의 자택입니까?

29 저 아이는 내 딸입니다.

그거 좋은 생각이네요.

옳습니다. / 그걸로 됐어요.

좋습니다. / 상관없습니다.

너무 안됐군요. / 그건 유감이군요.

그걸로 충분합니다.

그게 전부입니다. / 그걸로 끝입니다.

예, 그렇습니다. / 그게 전부입니다.

그건 진실이 아닙니다. / 그건 거짓입니다.

30 저것은 당신의 우산입니까?

저것은 당신의 코트입니까?

그렇습니까?

그게 사실입니까?

그것은 맞습니까? / 정확합니까?

그걸로 괜찮으세요?

그것뿐입니까?

알겠습니까? / 이해하셨습니까?

메리입니까?

A 내 생일파티 초대장이야.

It's an invitation to my birthday.

B 오, 초대해 줘서 고마워.

A 뭘 샀어?

What did you buy?

B 스카프를 하나 샀어. 어머니 거야.

I bought a scarf.

A 이거 네 책이야?

B 아니야, 그건 피터 거야.

No, that is Peter's.

A 뭘 더해야 할까?

What do I have to add?

B 그걸로 좋은데. 더 할 필요 없어.

You don't need to add anything.

A 어제 마크가 제니랑 데이트했다고 들었어.

I heard Mark went out with Jenny yesterday.

B 정말? 그게 사실이야?

Really?

사물이나 사람을 지칭하기 that ③ | 그것은 ~합니다[입니다] | *That ~*

That depends.

상황에 따라 다르**다**.

CHECK **POINT**

- 'that+일반동사' 구문으로 관용적으로 쓰이는 문장 들이 많이 있습니다.
- '**That sounds** ~(그것은 ~처럼 생각된다 / 그것은 ~일 것 같 다)'는 주어 **that**을 생략할 수 있습니다. **sound**는 뒤 에 명사나 형용사를 쓸 수 있는데, 비슷한 구문인 **sound like**는 뒤에 명사만 쓸 수 있습니다.

A: How about going for a drive.

  (드라이브 가는 거 어때요?)

B: (That) Sounds great. (그거 좋죠.)

  (That) Sounds like a good idea.

  (그것 참 좋은 생각이에요.)

■ PATTERN **DRILL 1**

생각이 났습니다.	**That** reminds me. 1
그걸로 이해됐습니다. / 그래서 그 랬군요.	**That** explains[solves] it.
그 말이 맞아요. / 일리가 있군요.	**That** makes sense.
드디어 끝났다! / 더는 못 참겠다!	**That** does it! 2
그거 좋군요.	**That** sounds great[good / nice].

그걸로 충분합니다. / 그만하면 됐어.	**That** will do. ₃
그거 이상하군요.	**That** sounds strange.
그거 좋은 생각이네요.	**That** sounds like a good idea.
그거 무척 재미있을 것 같네요.	**That** sounds like a lot of fun.

1   **remind**는 '(~에게) 기억나게 하다 / (~에게) 깨닫게 하다' 등의 의미로, 이 문장은 상대 방의 말을 듣고 자신이 뭔가 떠올렸을 때 사용하는 표현입니다.

2   지금까지 해 온 일을 마쳤을 때 '드디어 끝났다! / 이걸로 끝이다!'라는 후련함을 표 현하거나 몹시 참아온 일에 대해 '이제 충분하다! / 더 이상 못 참겠다! / 그건 너무 심해!'라는 노여움을 표현할 때 사용하는 표현입니다.

3   이 문장은 '그걸로 충분해.(= **That's good enough**.)', '그만해.'라는 의미로 사용됩니다. 반 대로 '**That won't do**. (그거로는 안 돼.)'라고 합니다.

■ ACTUAL **CONVERSATION**

A I brought some food for us.	우리를 위해 먹을 걸 좀 가져왔어요.
B Aren't we going out for dinner?	저녁 외식하러 안 가요?
A Well, I think the seminar will end very late.	글쎄요, 세미나가 아주 늦게 끝날 거 같아 서요.
B 일리가 있네요. You're so sweet.	That makes sense. 당신은 참 자상해요.

막연하게 지칭하기 it ①	그것은 ~입니다	*It is ~*

It is a joke.
농담**입니다**.

CHECK **POINT**

- **it**은 가리키는 내용에 따라 다양하게 쓰일 수 있으며 한국어로 적당하게 번역할 수 없을 때가 많습니다.

  It's all over him. (그는 볼 장 다 봤습니다.)

  How is it going with you? (어떻게 지내세요?)

  여기에서 **it**은 형식적으로 쓰였고, 한국어에서는 따로 번역하지 않습니다.

- **it**은 앞에서 이미 말한 내용을 대신하거나 마음속, 혹은 언급된 사물이나 사건 등을 표현할 때 사용합니다.

- 회화에서는 거의 모든 경우 **It's ~**.로 말합니다.

■ PATTERN **DRILL 1**

저는 상관없습니다.	**It's all right with me.**
문제없습니다. / 괜찮습니다.	**It is no problem.** 1
당신에게 달렸습니다.	**It's up to you.** 2
제가 내겠습니다.	**It's on me.** 3
당신 차례입니다.	**It's your turn.**

제 탓입니다.	**It's** my fault.
시간 낭비입니다.	**It's** a waste of time.
긴급 사태다!	**It's** an emergency!
그건 저쪽에 있습니다.	**It's** right over there. ₄

1 **no problem**은 '문제없다, 괜찮다, OK' 등의 의미로 쓰입니다. 또한 무엇을 부탁 받았을 때 '괜찮아요 / 물론이지요'라는 대답으로도 쓸 수 있습니다. 또한 상대방이 고맙다고 했을 때 '천만에요'라는 대답으로도 사용되는 표현입니다.

2 **be up to**는 '~에 따라, ~의 책임으로, ~의 의무로'라는 의미입니다. 다른 표현으로 '**It depends on you.**'라는 표현도 있습니다.

3 회화에서 '**on ~**'이 '~값을 치르다, ~가 내겠다'라는 의미를 나타낼 수 있습니다. 이 문장과 같은 표현에는 **I'll treat you.**(내가 낼게.)라는 표현도 있습니다.

4 **It's** ~ 구문은 길을 안내할 때 '(그것은) ~에 있습니다'라는 의미로, 장소를 설명하는데 자주 사용합니다.

※ 비인칭주어 **it**의 용법 : 날씨, 시간(**PATTERN 33**), 거리, 명암, 상황 등
① 날씨 : **It is fine today**. (오늘은 날씨가 좋습니다.)
② 시간 : **It is one o'clock**. (1시입니다.)
③ 거리 : **It is two kilometers from here**. (여기에서 2km입니다.)
④ 명암 : **It is dark**. (어둡습니다.)
⑤ 상황 : **It is quite the same with her**. (그녀의 경우도 꼭 같습니다.)

■ ACTUAL **CONVERSATION**

A Let's play that game with the dice. 주사위로 게임을 하자.
B Okay, I'll go first. I got the 3. 좋아, 내가 먼저 할게. 3이 나왔어.
   네 차례야. It's your turn.
A I got a 5. I won! 나는 5가 나왔어. 내가 이겼다!
B Let's play again. 다시 하자.

| 날씨·시간·날짜 표현하기 it ② | (날씨가) ~합니다[입니다] | *It is ~* |

It is fine today.
오늘은 **날씨가** 참 좋**습니다**.

CHECK **POINT**

- 날씨, 온도, 기후, 시간, 날짜, 요일 따위를 나타낼 때 **it**을 주어로 합니다.

  A: **How is the weather?** (날씨는 어떻습니까?)

  B: **It's a beautiful day today.** (오늘은 날씨가 화창합니다.)

  A: **What time is it now?** (지금 몇 시예요?)

  B: **It is ten o'clock in the morning.** (오전 10시입니다.)

  A: **What day is it today?** (무슨 요일이에요?)

  B: **It's Monday.** (월요일이요.)

■ PATTERN **DRILL 1**

날씨가 맑다.	**It is** sunny.
날이 흐리다.	**It is** cloudy.
비가 온다.	**It is** raining.
비가 그쳤다.	**It** has stopped raining.
눈이 오기 시작했다.	**It** began to snow.

오전 9시입니다.	**It's** nine a.m. 1
오늘은 2월 1일입니다.	**It's** February (the) first today. 2
수요일입니다.	**It's** Wednesday. 3
11시 15분 전(10시 45분)입니다.	**It's** (a) quarter to[before] eleven.

1 시간을 묻는 표현은 **What time is it (now)**? / **What's the time**? / **Do you have the time**? / **What time do you have**? / **May I ask the time**? 등이 있습니다.

2 날짜를 묻는 표현은 **What's today's date**? / **What's the date (today)**? / **What date is it today**? / **What day of the month is it today**? 등이 있습니다.

3 요일을 묻는 표현은 **What day (of the week) is it today**? / **What day is (it) today**? / **What's today**? 등이 있습니다.

※ **날씨 표현**: **warm**(따뜻한) **cool**(시원한) **hot**(더운) **cold**(추운) **humid**[**muggy**](찌는 듯이 더운) **freezing**(얼어버릴 듯 추운) **rain cats and dogs** (비가 억수같이 퍼붓다)

※ **시각 표현법**: **1:00** one / one o'clock **2:05** five (minutes) past[after] two / two-oh-five **3:15** (a) quarter past[after] three / three fifteen **4:30** half past four / four thirty **5:45** (a) quarter to[before] six / five forty-five **1~30분까지** past[after]···(···시 ~분 지났다) **31~59분** to[before]···(···시 ~분 전) **30분** half(반) **15분** (a) quarter(4분의 1) **오전** in the morning/a.m. **오후** in the afternoon/p.m. **정오 12시** twelve (o'clock) noon **자정 12시** twelve (o'clock) midnight

※ **날짜 표현법**: 월 + **(the)** + 일 / **the** + 일 + **of** + 월
5월 24일 May (the) twenty-fourth / the twenty-fourth of May
(날짜는 '서수'로 말합니다. 월과 요일의 머리글자를 대문자로 표기.)

■ ACTUAL **CONVERSATION**

A	What time is it now?	지금 몇 시야?
B	5시 15분 전이야.	It's a quarter to five.
A	I have to leave now not to miss my bus.	버스 안 놓치려면 지금 출발해야겠다.
B	밖에 비 와. Take an umbrella.	It is raining outside. 우산 챙겨 가.

맛이나 느낌 표현하기 it ③	(그것은) ~합니다[입니다]	*It ~*

It hurts.
아픕**니다**.

CHECK **POINT**

• 맛이나 느낌을 표현할 때, **it**을 주어로 표현하는 패턴입니다. 주로 감각을 나타내는 동사와 쓰입니다.

■ PATTERN **DRILL 1**

좋은 냄새가 납니다.	**It** smells good[nice].
장미 같은 향이 나는데요.	**It** smells like roses. 1
맛있어요.	**It** tastes good.
조금 신맛이 납니다.	**It** tastes a little sour.
당신에게 잘 어울려요.	**It** looks nice on you.

비가 올 것 같아요.	**It** looks[feels] like rain.
감촉이 부드러워요.	**It** feels soft.
재미있는데요.	**It** sounds interesting.
맛있겠는데요.	**It** sounds delicious. ₂

1   **smell like** ~는 '~같은 냄새가 나다'는 의미입니다. 이런 방식으로 **look like**(~처럼 보인다)도 있습니다.

2   **sound**는 '(듣기에) ~인 것 같다'라는 의미로, 상대방의 이야기에 대해 느낌을 표현할 때 많이 쓰입니다.

■ ACTUAL **CONVERSATION**

A 냄새가 좋은데. What is it?	It smells good. 뭐야?
B I changed the softener recently.	최근에 섬유유연제를 바꿨어.
A It's nice. What brand is it?	좋은데. 무슨 브랜드야?
B Springleaf. I'll give you a sample next time.	스프링리프야. 다음에 샘플 하나 줄게.

시간이나 노력의 소요 표현하기 it ④ | ~이/가 걸립니다[필요합니다] | *It takes ~*

It takes three hours.
3시간 **걸립니다**.

CHECK **POINT**

- '**It takes** + 시간/ 노력' 구문으로 '(시간, 노력이) ~걸리다, ~가 필요하다'라는 의미를 나타냅니다.
- 동작의 주체나 내용을 쓸 때는 다음과 같이 표현합니다.
  ① **It takes** + **A**(사람) + 시간 + **to** + 동사원형
  It takes me at least half an hour to walk to the station. (내가 역까지 걸어가는 데는 적어도 30분은 걸립니다.)
  ② **It takes** + 시간 + **for A**(사람) + **to** + 동사원형
  It takes a long time (for us) to master a foreign language. ((우리가) 외국어를 습득하는 데는 오랜 시간이 걸린다.)

■ PATTERN **DRILL 1**

약 15분 걸립니다.	**It takes** about fifteen minutes.
딱 5분밖에 걸리지 않습니다.	**It takes** only five minutes.
적어도 한 시간은 걸립니다.	**It takes** at least one hour.
그 일을 끝내는 데는 두 시간 걸립니다.	**It takes** two hours to finish the job.
제가 그 일을 하려면 세 시간 이상 걸렸습니다.	**It took** me over three hours to do that job.

내가 거기까지 걸어가려면 10분 걸립니다.	**It takes** ten minutes for me to walk there.
역까지 걸어서 3분 걸립니다.	**It takes** only three minutes to get to the station on foot.
많은 노력이 필요합니다.	**It takes** a lot of hard work.
이것을 하려면 두 사람이 필요합니다.	**It takes** two men to do this.

※ '소요 시간'을 묻는 법

How long does it take + **A**(사람) + **to** + 동사원형?

(A가 …하는 데는 시간이 얼마나 걸립니까?)

How long does it take to get to the station? (역까지 가는 데 시간이 얼마나 걸립니까?)

■ ACTUAL **CONVERSATION**

A	I heard you moved last month.	지난달에 이사 갔다고 들었어.
B	Yes, it's much closer to work.	응, 직장이랑 많이 가까워.
A	How long does it take to get here?	여기까지 오는 데 얼마나 걸려?
B	15분밖에 안 걸려.	It just takes 15 minutes.

Speaking
Training

31~35

다음 문장을 영어로
크게 말해보세요!

31 That ~

☐ 생각이 났습니다.

☐ 그걸로 이해됐습니다. / 그래서 그랬군요.

☐ 그 말이 맞아요. / 일리가 있군요.

☐ 드디어 끝났다! / 더는 못 참겠다!

☐ 그거 좋군요.

☐ 그걸로 충분합니다. / 그만하면 됐어.

☐ 그거 이상하군요.

☐ 그거 좋은 생각이네요.

☐ 그거 무척 재미있을 것 같네요.

32 It is ~

☐ 저는 상관없습니다.

☐ 문제없습니다. / 괜찮습니다.

☐ 당신에게 달렸습니다.

☐ 제가 내겠습니다.

☐ 당신 차례입니다.

☐ 제 탓입니다.

☐ 시간 낭비입니다.

☐ 긴급 사태다!

☐ 그건 저쪽에 있습니다.

33 It is ~

☐ 날씨가 맑다.

☐ 날이 흐리다.

☐ 비가 온다.

☐ 비가 그쳤다.

☐ 눈이 오기 시작했다.

☐ 오전 9시입니다.

☐ 오늘은 2월 1일입니다.

☐ 수요일입니다.

☐ 11시 15분 전입니다.

34 It ~

☐ 좋은 냄새가 납니다.

☐ 장미향 같은 향기가 나는데요.

☐ 맛있어요.

☐ 조금 신맛이 납니다.

☐ 당신에게 잘 어울려요.

☐ 비가 올 것 같아요.

☐ 감촉이 부드러워요.

☐ 재미있는데요.

☐ 맛있겠는데요.

35 It takes ~

☐ 약 15분 걸립니다.

☐ 딱 5분밖에 걸리지 않습니다.

☐ 적어도 한 시간은 걸립니다.

☐ 그 일을 끝내는 데는 두 시간 걸립니다.

☐ 제가 그 일을 하려면 세 시간 이상 걸렸습니다.

☐ 내가 거기까지 걸어가려면 10분 걸립니다.

☐ 역까지 걸어서 3분 걸립니다.

☐ 많은 노력이 필요합니다.

☐ 이것을 하려면 두 사람이 필요합니다.

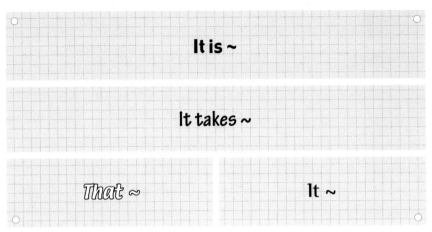

31 생각이 났습니다.

그걸로 이해됐습니다. / 그래서 그랬군요.

그 말이 맞아요. / 일리가 있군요.

드디어 끝났다! / 더는 못 참겠다!

그거 좋군요.

그걸로 충분합니다. / 그만하면 됐어.

그거 이상하군요.

그거 좋은 생각이네요.

그거 무척 재미있을 것 같네요.

---

32   저는 상관없습니다.

문제없습니다. / 괜찮습니다.

당신에게 달렸습니다.

제가 내겠습니다.

당신 차례입니다.

제 탓입니다.

시간 낭비입니다.

긴급 사태다!

그건 저쪽에 있습니다.

33   날씨가 맑다.

날이 흐리다.

비가 온다.

비가 그쳤다.

눈이 오기 시작했다.

오전 9시입니다.

오늘은 2월 1일입니다.

수요일입니다.

11시 15분 전(10시 45분)입니다.

34 좋은 냄새가 납니다.

장미향 같은 향기가 나는데요.

맛있어요.

조금 신맛이 납니다.

당신에게 잘 어울려요.

비가 올 것 같아요.

감촉이 부드러워요.

재미있는데요.

맛있겠는데요.

35 약 15분 걸립니다.

딱 5분밖에 걸리지 않습니다.

적어도 한 시간은 걸립니다.

그 일을 끝내는 데는 두 시간 걸립니다.

제가 그 일을 하려면 세 시간 이상 걸렸습니다.

내가 거기까지 걸어가려면 10분 걸립니다.

역까지 걸어서 3분 걸립니다.

많은 노력이 필요합니다.

이것을 하려면 두 사람이 필요합니다.

A 글쎄요, 세미나가 아주 늦게 끝날 거 같아서요.

Well, I think the seminar will end very late.

B 일리가 있네요. 당신은 참 자상해요.

You're so sweet.

A 주사위로 게임을 하자.

Let's play that game with the dice.

B 좋아, 내가 먼저 할게. 3이 나왔어. 네 차례야.

Okay, I'll go first. I got the 3.

A 지금 몇 시야?

What time is it now?

B 5시 15분 전이야.

A 냄새가 좋은데. 뭐야?

What is it?

B 최근에 섬유유연제를 바꿨어.

I changed the softener recently.

A 여기까지 오는 데 얼마나 걸려?

How long does it take to get here?

B 15분밖에 안 걸려.

가주어 **it**과 진주어로 표현하기	…은/는 ~입니다	*It is ~*

It is <u>dangerous to swim here</u>.

여기서 헤엄치면 위험**합니다**.

CHECK **POINT**

* '**It is** ~ + …'에서 문장 앞머리의 **it**은 형식적으로 쓰인 '가주어(형식 주어)'로, 뒤에 오는 '진주어(사실상의 주어)' 대신 주어의 자리에 놓인 것입니다. 이런 형식은 주로 주어가 길 때 많이 사용됩니다.
  ① 부정사구 : **It is** ~ + **to** + 동사원형
     It is difficult to convince her.
     (그녀를 설득하는 것은 어렵다.)
  ② 동명사구 : **It is** ~ + 동사의 **-ing**형
     It is fun skating on the lake.
     (호수에서 스케이트를 타는 것은 재미있다.)
  ③ 명사절 : **It is** + **that**[의문사/**whether** 등] + **S** + **V**
     It is a pity that you can't come.
     (당신이 못 온다니 유감이다.)

■ PATTERN **DRILL 1**

이 문제를 푸는 것은 나에게 어렵습니다.	**It is** difficult for me to solve this problem.
기차를 갈아타야 할 필요가 있습니까?	**Is it** necessary to change trains?
그를 지금 만날 수 있습니까?	**Is it** possible for me to see him now?
당신과 이야기할 수 있어서 좋았습니다.	**It was** nice talking with you.
어제 비가 와서 유감이었습니다.	**It was** unfortunate that it rained yesterday.

■ PATTERN **DRILL 2**

저를 도와주시니 당신은 참 친절하
시네요.

It is very kind of you to help me.

그녀가 어디에서 태어났는지 확실
하지 않습니다.

It is not clear where she was born.

그가 회복할지는 불확실합니다.

It is doubtful whether he will recover
or not.

엎질러진 물이다.

It is no use crying over spilt milk.   1

---

1   이 문장은 영어 속담으로, 직역하면 쏟아진 우유 때문에 울어도 소용 없다는 뜻인
데, 우리 속담 중 어울리는 것으로 해석하는 것이 자연스럽습니다.

※ **It is ~ for A**(사람 등) **+ to** ···.(A가 ···하는 것은 ~이다)
'**to부정사**'의 '의미상의 주어'에는 보통 **for**를 사용합니다. 사람의 성격을 나타내는 형
용사인 **kind** / **nice**(친절한), **honest**(정직한), **careless**(부주의한) 등이 오면, **for** 대신 **of**를
씁니다.
It is <u>natural</u> *for* **you to get angry**. (당신이 화를 내는 건 당연합니다.)
It was <u>careless</u> *of* **you to leave your bag in the train**.
(기차에 가방을 두고 내리다니 넌 참 부주의하구나.)

■ ACTUAL **CONVERSATION**

A 제가 혼자 옮기기에는 너무 무거워요.   It is too heavy for me to move alone.

B I'll help you move it.   내가 옮기는 거 도와줄게요.

A 저를 도와주시니 당신은 참 친절하시   It is very nice of you to help me.
군요.

B It's my pleasure.   뭘요.

---

too 형용사 **+ for** 주어 **+ to** 동사원형 '(주어)가 (동사)하기에 너무 (형용사)하다'

의미상 주어로 표현하기	~이/가 있습니다	***There[Here] is/are ~***

There is a book on the table.
테이블 위에 책**이 있습니다**.

CHECK **POINT**

- '**There is** + 단수명사 / **There are** + 복수명사' 구문에서 **there**는 '거기에, 저기에'라는 본래의 의미가 완전히 없어지고 술어동사(**is/are**)를 이끄는 형식적인 주어로 의미상의 주어를 예비하는 역할을 합니다.

- **Here is** ~ / **Here are** ~는 '여기에 ~이/가 있습니다'라는 의미인데, 상대방의 주의를 환기시킬 때나 남에게 뭔가를 내밀면서도 사용할 수 있습니다. (**PATTERN 39** 참고)

- 셀 수 있는 명사(가산 명사)의 단수 또는 셀 수 없는 명사(불가산 명사)에는 **There is** ~ / **Here is** ~, 셀 수 있는 명사(가산 명사)의 복수형에는 **There are** ~ / **Here are** ~를 사용합니다.

■ PATTERN **DRILL 1**

이 근처에 멋진 레스토랑이 있습니다.	**There is** a nice restaurant near here.
현관에 누가 와 있습니다.	**There is** someone at the door.
그 일은 걱정할 필요가 없습니다.	**There is** no need to worry about it. 1
우리 가족은 네 식구입니다.	**There are** four in my family.
여기 당신의 책이 있습니다.	**Here are** your books.

차 좀 드세요.	**Here is** your tea.
거스름돈입니다.	**Here is** your change. ₂
여기에는 그런 이름의 사람이 없습니다.	**There is** no one here by that name. ₃
여기에는 수잔이라는 사람이 두 명 있습니다.	**There are** two Susans here. ₄

1 '**There is no need to** + **동사원형**'은 '~할 필요가 없다'라는 의미입니다.

2 명사 **change**에는 '변화, 교환' 외에 '잔돈, (환전한) 동전'이라는 뜻도 있습니다.
   Keep the change. (잔돈은 가지세요.)
   I have no (small) **change with me.** (지금 동전이 없습니다.)

3 / 4 전화 통화에서 쓸 수 있는 표현입니다.

※ 예비의 **there**, '거기에' **there**
There is a park there. ← 불특정 (공원) (거기에 공원이 있습니다.)
앞의 **there**는 '예비의 **there**', 뒤의 **there**는 '거기에'라는 뜻으로 장소를 나타내는 부사로 사용되었습니다.
The park is there. ← 특정 (공원) (그 공원은 거기 있습니다.)
이 문장의 **there**는 장소를 나타내는 부사입니다.
There are other options. (다른 방법도 있습니다.)
There is ~구문은 '특정한 사람이나 물건'에는 사용하지 않습니다.

■ ACTUAL **CONVERSATION**

A	내 자전거에 문제가 있어.	There is something wrong with my bicycle.
B	What's the problem?	무슨 문젠데?
A	The tires are flat.	타이어가 펑크 났어.
B	You can borrow my bicycle today.	오늘 내 자전거를 빌려 줄게.

| there를 이용한 의문문 만들기 | ~이/가 있습니까? | *Is there ~?* |

Is there a station near here?

이 근처에 역**이 있습니까?**

CHECK **POINT**

- **Is there** ~? / **Are there** ~?는 **There is[are]** ~.(PATTERN 37)의 의문형으로, 종종 '장소'를 나타내는 어구와 함께 사용됩니다.
- **Is there** ~? / **Are there** ~?의 기본 대답
  ① 긍정 : **Yes, there is[are]**. (예, 있습니다.)
  ② 부정 : **No, there isn't[aren't]**. (아니오, 없습니다.)

■ PATTERN **DRILL 1**

테이블 위에 책이 있습니까?	**Is there** a book on the table?
근처에 버스 정류장이 있습니까?	**Is there** a bus stop nearby?
공항에 가는 버스가 있습니까?	**Is there** a bus to the airport?
이 근처에 괜찮은 레스토랑이 있습니까?	**Are there** any nice restaurants around here?
제게 온 메시지가 있습니까?	**Are there** any messages for me?

■ PATTERN **DRILL 2**

당신을 도와드릴 일이 있습니까?	**Is there** anything I can do for you?
오늘 밤 빈 방 있습니까?	**Is there** a room available for tonight? 1
표를 구입할 수 있는 방법이 있습니까?	**Is there** any way I can get a ticket? 2
추가 요금이 있습니까?	**Are there** any extra charges?

1   호텔 프론트 등에서 빈 방이 있는지 물어보는 표현입니다.

2   방법이나 수단에 대해 물어보는 표현입니다.

■ ACTUAL **CONVERSATION**

A 가까운 곳에 백화점이 있나요?   Is there a department store nearby?

B Yes, go straight and turn right at   네, 곧장 걸어서 신호등에서 우회전 하세요.
the traffic lights.

A Thank you. How long does it   감사합니다. 거기까지 얼마나 걸려요?
take to get there?

B About 10 minutes. It's not far.   약 10분 정도요. 멀지 않아요.

상대방의 주의를 끄는 표현하기	자, ~입니다	*Here[There] ~*

Here it is.

여기 있**습니다**.

CHECK **POINT**

- '**Here[There]** + 대명사 + 동사 / **Here[There]** + 동사 + 명사' 구문은 '자, ~입니다 / 예, ~입니다'라는 의미 입니다. 이 **here**나 **there**는 상대방의 주의를 끌기 위한 것으로 따로 해석하지 않습니다.

- '**Here[There]** ~' 이하는 주어(**S**)가 대명사일 때는 '**S** + **V**' 어순이지만, 주어(**S**)가 명사이면 주어와 동사가 도치되어 '**V** + **S**' 어순이 됩니다.
  Here he comes. (**S**(대명사)+**V**)
  Here comes John. (**V** +**S**(명사))

■ PATTERN **DRILL 1**

자, 도착했다. / 다녀왔습니다.	**Here** I am. 1
자, 도착했다. / (우리가 원하던 것이) 여기에 있다.	**Here** we are.
자, 시작하자. / 자, 가자.	**Here** we go.
거기 있습니다. / 거 봐(내가 그랬잖아).	**There** you are.
거기 있습니다. / (유감스럽지만) 그런 형편이다.	**There** it is.

여기 있습니다. / 앗, 여기 있었구나.	**Here** you are. 2
저 봐, 떨어진다! / 깨진다. / 사라진다!	**There** it goes.
자, (여기에) 그가 왔다. / 그가 저기 온다.	**Here** he comes. / **There** he comes.
자, 버스가 왔다.	**Here** comes the bus.

1   목적지에 도착하거나 집에 돌아왔을 때 쓸 수 있는 표현입니다.

2   사물을 건넬 때 쓸 수 있는 표현으로, **Here it is**.(건네는 '사물에 중점), **Here you are**. / **Here you go**. / **Here they are**. (건네는 '상대방'에게 중점) 등이 있습니다.

■ ACTUAL **CONVERSATION**

A Why am I on this roller-coaster?	내가 왜 이 롤러코스터에 있는 거지?
B Don't be scared. Try to enjoy it.	무서워하지 마. 즐겨 보라고.
A I don't like these fast rides.	이런 빠른 놀이기구를 좋아하지 않는다고.
B 자 시작이야! Hold on!	Here we go! 꼭 잡아!

try to + 동사원형 '~을 시도해 보다'

미래의 의지를 표현하기	(저는) ~합니다 / ~할 예정입니다	*I will ~*

I **will** think about it.
그것에 대해 생각**하겠습니다**.

CHECK **POINT**

- 자신의 미래 계획 등을 이야기할 때 쓰는 표현으로, 뒤에 동사원형을 씁니다. 회화에서는 '**I'll** ~'이라고 축약형으로 말합니다.
  I'll은 **I shall**의 축약형인 경우도 있습니다.
- 미래를 나타내는 조동사 **will**의 두 가지 용법
  ① **단순미래** : ~할 것이다(주어나 말하는 사람의 의지가 들어 있지 않은 단순한 미래(자연스런 흐름))
  ② **의지미래** : ~할 예정이다 / ~하자(주어나 말하는 사람의 의지를 표현)
- 부정형은 '**I will not** + **동사원형**(~하지 않습니다 / ~할 예정이 아닙니다)'이며, 축약형은 '**I won't** + **동사원형**'입니다.
  I won't go there. (저는 거기에 가지 않습니다.)

■ PATTERN **DRILL 1**

최선을 다하겠습니다.	**I will** do my best.
커피를 한 잔 더 마시고 싶어요.	**I will** have another cup of coffee.
언젠가 여기에 거주할 거예요.	**I will** live here someday.
다음 달에 이것을 살 거예요.	**I will** buy this next month.
나중에 다시 전화 드릴게요.	**I will** call you back later. 1

나중에 연락할게요.	**I will** get back to you. ₂
당신에게 연락하겠습니다.	**I will** get in touch with you. ₃
금방 돌아오겠습니다.	**I will** be back soon.
내일 바쁘지 않아요.	**I will** not be busy tomorrow.

1   전화 통화에서 쓸 수 있는 표현입니다.

2   '나중에 보고하겠습니다'라는 의미로도 쓰입니다.

3   **in touch with** ~는 '~와 접촉하다 / ~와 연락하다'라는 뜻입니다.

■ ACTUAL **CONVERSATION**

A	Who wants to present first?	누가 처음으로 발표할 건가요?
B	I'll go first.	제가 먼저 발표하겠습니다.
A	Good. What is the topic?	좋아요. 주제가 뭐죠?
B	한국 전통 문화에 대해 이야기하겠습니다.	I will talk about Korean traditional culture.

Speaking
Training

36~40

다음 문장을 영어로
크게 말해보세요!

36 It is ~

☐ 이 문제를 푸는 것은 나에게 어렵습니다.

☐ 기차를 갈아타야 할 필요가 있습니까?

☐ 그를 지금 만날 수 있습니까?

☐ 당신과 이야기할 수 있어서 좋았습니다.

☐ 어제 비가 와서 유감이었습니다.

☐ 저를 도와주시니 당신은 참 친절하시네요.

☐ 그녀가 어디에서 태어났는지 확실하지 않습니다.

☐ 그가 회복할지는 불확실합니다.

☐ 엎질러진 물이다.

37 There[Here] is/are ~

☐ 이 근처에 멋진 레스토랑이 있습니다.

☐ 현관에 누가 와 있습니다.

☐ 그 일은 걱정할 필요가 없습니다.

☐ 우리 가족은 네 식구입니다.

☐ 여기 당신의 책이 있습니다.

☐ 차 좀 드세요.

☐ 거스름돈입니다.

☐ 여기에는 그런 이름의 사람이 없습니다.

☐ 여기에는 수잔이라는 사람이 두 명 있습니다.

38 Is there ~?

☐ 테이블 위에 책이 있습니까?

☐ 근처에 버스 정류장이 있습니까?

☐ 공항에 가는 버스가 있습니까?

☐ 이 근처에 괜찮은 레스토랑이 있습니까?

☐ 제게 온 메시지가 있습니까?

- [ ] 당신을 도와드릴 일이 있습니까?
- [ ] 오늘 밤 빈 방 있습니까?
- [ ] 표를 구입할 수 있는 방법이 있습니까?
- [ ] 추가 요금이 있습니까?

39 Here[There] ~

- [ ] 자, 도착했다. / 다녀왔습니다.
- [ ] 자, 도착했다. / 여기에 있다.
- [ ] 자, 시작하자. / 자, 가자.
- [ ] 거기 있습니다. / 거 봐.
- [ ] 거기 있습니다. / 그런 형편이다.

- [ ] 여기 있습니다. / 앗, 여기 있었구나.
- [ ] 저 봐, 떨어진다! / 깨진다. / 사라진다!
- [ ] 자, 그가 왔다. / 그가 저기 온다.
- [ ] 자, 버스가 왔다.

40 I will ~

- [ ] 최선을 다하겠습니다.
- [ ] 커피를 한 잔 더 마시고 싶어요.
- [ ] 언젠가 여기에 거주할 거예요.
- [ ] 다음 달에 이것을 살 거예요.
- [ ] 나중에 다시 전화 드릴게요.

- [ ] 나중에 연락할게요.
- [ ] 당신에게 연락하겠습니다.
- [ ] 금방 돌아오겠습니다.
- [ ] 내일 바쁘지 않아요.

Writing Training

36~40

아래의 패턴을 이용하여
영어로 써보세요!

It is ~	Is there ~?

There[Here] is/are ~

Here[There] ~	I will ~

---

36   이 문제를 푸는 것은 나에게 어렵습니다.

기차를 갈아타야 할 필요가 있습니까?

그를 지금 만날 수 있습니까?

당신과 이야기할 수 있어서 좋았습니다.

어제 비가 와서 유감이었습니다.

저를 도와주시니 당신은 참 친절하시네요.

그녀가 어디에서 태어났는지 확실하지 않습니다.

그가 회복할지는 불확실합니다.

엎질러진 물이다.

---

37 이 근처에 멋진 레스토랑이 있습니다.

현관에 누가 와 있습니다.

그 일은 걱정할 필요가 없습니다.

우리 가족은 네 식구입니다.

여기 당신의 책이 있습니다.

차 좀 드세요.

거스름돈입니다.

여기에는 그런 이름의 사람이 없습니다.

여기에는 수잔이라는 사람이 두 명 있습니다.

38 테이블 위에 책이 있습니까?

근처에 버스 정류장이 있습니까?

공항에 가는 버스가 있습니까?

이 근처에 괜찮은 레스토랑이 있습니까?

제게 온 메시지가 있습니까?

당신을 도와드릴 일이 있습니까?

오늘 밤 빈 방 있습니까?

표를 구입할 수 있는 방법이 있습니까?

추가 요금이 있습니까?

39 자, 도착했다. / 다녀왔습니다.

자, 도착했다. / (우리가 원하던 것이) 여기에 있다.

자, 시작하자. / 자, 가자.

거기 있습니다. / 거 봐(내가 그랬잖아).

거기 있습니다. / (유감스럽지만) 그런 형편이다.

여기 있습니다. / 앗, 여기 있었구나.

저 봐, 떨어진다! / 깨진다. / 사라진다!

자, (여기에) 그가 왔다. / 그가 저기 온다.

자, 버스가 왔다.

40 최선을 다하겠습니다.

커피를 한 잔 더 마시고 싶어요.

언젠가 여기에 거주할 거예요.

다음 달에 이것을 살 거예요.

나중에 다시 전화 드릴게요.

나중에 연락할게요.

당신에게 연락하겠습니다.

금방 돌아오겠습니다.

내일 바쁘지 않아요.

A 제가 혼자 옮기기에는 너무 무거워요.

B 내가 옮기는 거 도와줄게요.
I'll help you move it.

A 내 자전거에 문제가 있어.

B 무슨 문젠데?
What's the problem?

A 가까운 곳에 백화점이 있나요?

B 네, 곧장 걸어서 신호등에서 우회전 하세요.
Yes, go straight and turn right at the traffic lights.

A 이런 빠른 놀이기구를 좋아하지 않는다고.
I don't like these fast rides.

B 자 시작이야! 꼭 잡아!
Hold on!

A 좋아요. 주제가 뭐죠?
Good. What is the topic?

B 한국 전통 문화에 대해 이야기하겠습니다.

| 상대방의 의사를 확인하기 | (당신은) ~합니까? /~할 예정입니까? / ~해 주시겠습니까? / ~하겠습니까? | *Will you ~?* |

Will you go there tomorrow**?**
당신은 내일 거기에 갑**니까**?

CHECK **POINT**

- 상대방의 미래 행동에 대해 물어보는 표현으로, 뒤에 동사원형을 씁니다. 이 구문은 다음 네 가지 용법이 있습니다.

  ① **단순미래** : (당신은) ~합니까? / ~입니까?
  Will you be busy tomorrow? (내일 바쁘세요?)

  ② **의지미래** : ~할 예정입니까?
  Will you go by car? (당신은 차로 갈 예정입니까?)

  ③ **의뢰** : ~해 주겠습니까?
  Will you please open the window?
  (창문을 열어주시겠어요?)

  ④ **권유** : ~하겠습니까? (상대방에게 뭘 하도록 '권유'함)
  Will you have some more tea?
  (차를 좀 더 드시겠어요?)

■ PATTERN **DRILL 1**

다음 주 일요일에 시간 있으세요?	**Will you** be free next Sunday?
내일 돈이 필요하세요?	**Will you** need the money tomorrow?
회의에 참석할 예정입니까?	**Will you** attend the meeting?
전철로 갈 생각입니까?	**Will you** go by subway? 1
이 책 좀 빌려 주시겠어요?	**Will you** lend me this book?

역으로 가는 길을 가르쳐 주시겠어요?	**Will you** tell me the way to the station?
문을 닫아 주시겠어요?	**Will you** please shut the door?
소금을 좀 집어 주시겠어요?	**Will you** pass me the salt, please?
커피 한 잔 더 드시겠어요?	**Will you** have another cup of coffee?

1 'by + 교통수단'에서, by 뒤의 명사에는 관사를 붙이지 않습니다.
by car (차로) / **by bicycle** (자전거로) / **by bus** (버스로) / **by taxi** (택시로) / **by train** (전철로)
/ **by plane** (비행기로) / **by subway[underground]** (지하철로)
subway는 미국에서, **underground**는 영국에서 '지하철'로 쓰입니다.

※ **Will you~**로 물었을 때의 대답
· **Will you be busy tomorrow**? (내일 바쁘세요?)
  Yes, I will. (예. 바쁩니다.) / **No, I will not.** (아니오. 바쁘지 않습니다.)
· **Will you go by car**? (당신은 차로 갈 예정입니까?)
  Yes, I will. (차로 갑니다.) / **No, I will go by train.** (아니오. 전철로 갑니다.)
· **Will you please open the window**? (창문을 열어주시겠어요?)
  All right. (좋아요.) / **No, I'm sorry I can't.** (미안하지만, 안 되겠는데요.)
· **Will you have some more tea**? (차를 좀 더 드시겠어요?)
  Yes, please. (예. 부탁합니다.) / **No, thank you.** (아니오. 괜찮습니다.)

■ ACTUAL **CONVERSATION**

A	I will go to the movies tomorrow.	내일 영화 보러 갈 거야.
B	What movie?	무슨 영화인데?
A	It's the new <Avengers> movie. 같이 갈래?	새 〈어벤저스〉 영화야. Will you go with me?
B	I've already seen it.	난 벌써 봤어.

부정의문문으로 제안할 때	~하지 않겠습니까?	**Won't you ~?**

Won't you come with me?

저와 같이 가**지 않겠습니까**?

CHECK **POINT**

- **won't**는 **will not**의 축약형으로, '**Won't you + 동사 원형?**'는 상대방에게 가볍게 권유하거나 제안할 때 쓸 수 있는 표현입니다.

- **Will you ~?(PATTERN 41)**도 '권유'의 의미이지만, **Won't you ~?**가 좀 더 부드러운 어감으로 쓰입니다.

- 대답은 긍정형과 같습니다.
  → 부정의문문에 대답하는 방법**(PATTERN 8)**을 참조.

  A : **Won't[Will] you have some coffee?**
  (커피 드시겠어요?)

  B : **Yes, please.** (예, 주세요.)
  No, thank you. (아니오, 괜찮습니다.)

■ PATTERN **DRILL 1**

함께하지 않을래요?	**Won't you** join us?
들어오지 않을래요?	**Won't you** come in?
좀 앉지 않을래요?	**Won't you** sit down?
같이 쇼핑하지 않겠어요?	**Won't you** go shopping with me? 1
오늘 저녁에 우리와 같이 가지 않겠어요?	**Won't you** come with us this evening?

오늘 밤에 영화 보러 가지 않겠어요?	**Won't you** go to the movies tonight?
저와 같이 테니스 치지 않을래요?	**Won't you** play tennis with me?
케이크 좀 드시겠어요?	**Won't you** have some cake? 2
차를 더 드시겠어요?	**Won't you** have some more tea?

1 'go + 동사의 -ing형'은 '~을 하러 가다'라는 뜻으로, 주로 스포츠나 여가 활동 등 신체를 이용한다는 의미의 동사가 쓰입니다.

go swimming (수영하러 가다) **go skiing** (스키 타러 가다) **go fishing** (낚시하러 가다)
go hunting (사냥하러 가다) **go hiking** (하이킹하러 가다) **go camping** (캠프에 가다)
go walking (산책하러 가다) **go shopping** (쇼핑하러 가다) **go sightseeing** (관광하러 가다)
go dancing (춤추러 가다)

2 '**Won't[Will] you have + 명사?**' '~은/는 좀 어떠세요?'라는 의미로 음식이나 음료수를 권할 때 씁니다.

■ ACTUAL **CONVERSATION**

A Have you heard about the sale event at that shop?	저 가게 세일한다는 거 들었어?
B No, I haven't. But I want to go there.	아니. 하지만 거기 가보고 싶어.
A I'm going after work. 나랑 같이 쇼핑하러 갈래?	일 끝나고 갈 건데. Won't you come with me?
B Sounds good.	좋아.

| 정중하게 요청하기 ① | ~해 주시겠어요? | *Would you ~?* |

Would you give me a hand**?**

좀 도와**주시겠어요**?

CHECK **POINT**

- 상대방에게 정중하게 부탁하는 '의뢰'의 표현으로, **would**는 **will**의 과거형이지만 과거의 의미가 아니라 '만약 ~할 수 있다면'이라는 부드러운 어감이 더해 져 정중한 표현이 됩니다. 뒤에는 동사원형을 씁니다. **Will you ~?**(PATTERN 41)는 **Would you ~?**보다 격식을 덜 갖춘 말로 친한 사이에 쓸 수 있습니다.

- '**Would you please + 동사원형?** / **Would you + 동사 원형, please?**'처럼 **please**를 추가하면 더욱 정중한 표현이 됩니다.

- **Would you ~?**와 마찬가지로 **Could you ~?**도 정중 한 '의뢰'의 표현입니다.
  → **Could you ~?**(PATTERN 44) 참조

■ PATTERN **DRILL 1**

역까지 태워 주시겠어요?	**Would you** drive me to the station?
저 대신 이 편지를 부쳐 주시겠어요?	**Would you** mail this letter for me?
사진 좀 찍어 주시겠어요?	**Would you** take a picture for us?
소금 좀 건네주시겠어요?	**Would you** please pass me the salt?
커피 한 잔 더 주시겠어요?	**Would you** give me another cup of coffee, please?

■ PATTERN **DRILL 2**

좀 깎아 주시겠어요?	**Would you** give me a discount?
제 부탁을 들어주시겠어요?	**Would you** do me a favor? 1
조용히 해 주시겠어요?	**Would you** please be quiet?
당신의 전화번호를 가르쳐 주시겠어요?	**Would you** be kind enough to give me your phone number?

1 'do A(사람) a favor / do a favor for A(사람)'는 'A의 부탁을 들어주다 / A에게 친절을 베풀다'라는 의미입니다. 명사 **favor**(영국에서는 **favour**)는 기본적인 의미인 '호의'에서 발전하여 '(호의의 표시로써 하는) 친절한 행위'라는 뜻으로 사용됩니다. 그러므로 **Would[Could] you do me a favor?**는 직역하면 '나에게 친절한 행위를 해 주시겠습니까?'로, '부탁이 있습니다만'이라는 뜻으로 쓸 수 있습니다.

■ ACTUAL **CONVERSATION**

A I think I lost my cell phone.	휴대전화를 잃어버린 것 같아.
B That's too bad.	그거 참 안됐구나.
A 휴대전화 좀 빌려 줄래?	Would you lend me your cell phone?
B Here you are. Where did you lose it?	여기 있어. 어디에서 잃어버린 거야?

| 정중하게 요청하기 ② | ~해 줄 수 있어요? | *Could you ~?* |

Could you <u>help me</u>?

도와주실 **수 있어요**?

CHECK **POINT**

- 상대방에게 정중하게 의뢰하는 표현으로 뒤에 동사 원형을 씁니다. **PATTERN 43**과 마찬가지로 과거형을 사용함으로써 공손한 마음을 나타내는 정중한 표현 이 됩니다. **Can you** ~?(~해 줄래요?)는 친한 사이에 쓸 수 있는 격식 없는 말투입니다.

- '**Could you please + 동사원형**? / **Could you + 동사 원형, please**?'처럼 **please**를 사용하면 더욱 정중한 표현이 됩니다.

- **Would you ~?**와 **Could you ~?**는 정중한 표현이지만, **Could you ~?**가 더 정중한 느낌을 줍니다.

■ PATTERN **DRILL 1**

당신의 차를 빌려 줄 수 있어요?	**Could you** lend me your car?
이것을 교환해 주실 수 있습니까?	**Could you** exchange this?
잠시 기다려 주실 수 있어요?	**Could you** wait a minute?
잠시만 기다려 주실 수 있어요?	**Could you** hold on a second? 1
저에게 복사해 줄 수 있어요?	**Could you** copy this for me?

내일 저를 보러 와 주실 수 있어요?	**Could you** come and see me tomorrow?
창문 좀 열어 주실 수 있어요?	**Could you** open the window, please?
설탕 좀 집어 주실 수 있어요?	**Could you** pass the sugar, please?
제 가방을 옮겨 주실 수 있어요?	**Could you** please help me carry my bag?

1   **hold on**은 '(전화를) 끊지 않고 두다'의 뜻으로 전화통화에서 쓸 수 있는 표현입니다. '**Hold on, please.**'라고도 할 수 있습니다. 반대로 '(전화를) 끊다'는 **hang up**이라고 합니다.

※ **Could[Would] you ~?**에 응답하는 요령
① **승낙** (상대방의 의뢰를 받아들일 때)
   Yes, of course. / Certainly. / Sure. 등
② **거절** (의뢰에 응할 수 없을 때)
   I'm afraid[I'm sorry, but] I can't. (죄송하지만, 할 수 없습니다.)
   I wish I could. (할 수 있다면 좋을 텐데.)
   → 실제로는 할 수 없다는 뜻.

■ ACTUAL **CONVERSATION**

A 날 위해 뭔가 해 줄 수 있어?	Could you do something for me?
B Of course.	물론이야.
A Thank you. I can always count on you.	고마워. 덕분에 살았어.
B It's my pleasure.	뭘.

정중하게 요청하기 ③ | ~해 주시겠어요? / ~해 줄 수 있습니까? | *Would[Do] you mind -ing ~?*

Would you mind open**ing** the door**?**

문을 열어주실 **수 있어요**?

CHECK **POINT**

- 상대방이 정중하게 부탁하는 '의뢰'의 표현으로, **do**
  보다 **would**가 더 정중한 표현입니다.
  정중한 표현이지만 장면이나 말투에 따라서는 비꼬
  거나 무례한 표현이 될 수도 있습니다.

- 'Would[Do] you mind -ing ~?'를 직역하면 '당신은
  ~하는 것이 싫습니까?'라는 뜻으로, '~해 주시겠어
  요?'라고 완곡히 의뢰하는 표현이 됩니다.

■ PATTERN **DRILL 1**

저를 도와주실 수 있어요?	**Would you mind** help**ing** me?
이것을 운반해 주실 수 있어요?	**Would you mind** carry**ing** this for me?
가위를 집어 주시겠어요?	**Would you mind** pass**ing** me the scissors?
조금 기다려 주시겠어요?	**Would you mind** wait**ing** for a few minutes?
나중에 다시 전화해 주시겠어요?	**Would you mind** call**ing** back later? 1

■ PATTERN **DRILL 2**

여기서는 담배를 삼가해 주시겠습니까?	**Would you mind** not smoking here?
지금 몇 시인지 알려 줄 수 있어요?	**Would you mind** telling me what time it is?
당신의 우산을 빌려 줄 수 있어요?	**Do you mind** lending me your umbrella?
저 대신 갈 수 있어요?	**Do you mind** going instead of me?

1 전화 통화에서 쓸 수 있는 표현입니다.

※ 'mind -ing'로 물었을 때의 대답
'mind -ing'가 '~하는 게 싫다'라는 의미이므로, '승낙'의 경우 (자신이) ~하는 것을 싫어하지 않는다'라는 부정으로 대답해야 하고, '거절'의 경우 (자신이) ~하는 것이 싫다'라는 긍정으로 대답해야 합니다. 하지만 실제 회화에서는 이런 대답이 별로 쓰이지 않고, 아래와 같은 표현을 많이 씁니다.

① **승낙**(~해도 좋다)

No, I wouldn't[don't] (mind). / No, not at all. / Certainly not. / Of course not.

(예, 괜찮습니다. / 싫지 않습니다.)

② **거절**(~하고 싶지 않다)

Yes, I would[do] (mind). / I'm sorry I can't.(죄송하지만, 할 수 없습니다.) **/ I'm afraid I'm all tied up now.**(미안하지만 지금 너무 바쁩니다.)

실제 회화에서는 승낙할 때 **Yes, certainly. / Sure. / Of course. / All right**. 등도 사용됩니다.

■ ACTUAL **CONVERSATION**

A 당신 컴퓨터 써도 돼요? My computer broke down.

B No, not at all.

A Uh-oh, it is locked. What's your password?

B abcd1234

Would you mind using your computer? 내 컴퓨터가 고장났거든요.

네, 그럼요.

어, 잠겼는데요.
비밀번호가 뭐예요?

abcd1234예요.

Speaking
Training

41~45

다음 문장을 영어로
크게 말해보세요!

41 Will you ~?

- [ ] 다음 주 일요일에 시간 있으세요?
- [ ] 내일 돈이 필요하세요?
- [ ] 회의에 참석할 예정입니까?
- [ ] 전철로 갈 생각입니까?
- [ ] 이 책 좀 빌려 주시겠어요?

- [ ] 역으로 가는 길을 가르쳐 주시겠어요?
- [ ] 문을 닫아 주시겠어요?
- [ ] 소금을 좀 집어 주시겠어요?
- [ ] 커피 한 잔 더 드시겠어요?

42 Won't you ~?

- [ ] 함께하지 않을래요?
- [ ] 들어오지 않을래요?
- [ ] 좀 앉지 않을래요?
- [ ] 같이 쇼핑하지 않겠어요?
- [ ] 오늘 저녁에 우리와 같이 가지 않겠어요?

- [ ] 오늘 밤에 영화 보러 가지 않겠어요?
- [ ] 저와 같이 테니스 치지 않을래요?
- [ ] 케이크 좀 드시겠어요?
- [ ] 차를 더 드시겠어요?

43 Would you ~?

- [ ] 역까지 태워 주시겠어요?
- [ ] 저 대신 이 편지를 부쳐 주시겠어요?
- [ ] 사진 좀 찍어 주시겠어요?
- [ ] 소금 좀 건네주시겠어요?
- [ ] 커피 한 잔 더 주시겠어요?

- [ ] 좀 깎아 주시겠어요?
- [ ] 제 부탁을 들어주시겠어요?
- [ ] 조용히 해 주시겠어요?
- [ ] 당신의 전화번호를 가르쳐 주시겠어요?

44 Could you ~?

- [ ] 당신의 차를 빌려 줄 수 있어요?
- [ ] 이것을 교환해 주실 수 있습니까?
- [ ] 잠시 기다려 주실 수 있어요?
- [ ] 잠시만 기다려 주실 수 있어요?
- [ ] 저에게 복사해 줄 수 있어요?

- [ ] 내일 저를 보러 와 주실 수 있어요?
- [ ] 창문 좀 열어 주실 수 있어요?
- [ ] 설탕 좀 집어 주실 수 있어요?
- [ ] 제 가방을 옮겨 주실 수 있어요?

45 Would[Do] you mind -ing ~?

- [ ] 저를 도와주실 수 있어요?
- [ ] 이것을 운반해 주실 수 있어요?
- [ ] 가위를 집어 주시겠어요?
- [ ] 조금 기다려 주시겠어요?
- [ ] 나중에 다시 전화해 주시겠어요?

- [ ] 여기서는 담배를 삼가해 주시겠습니까?
- [ ] 지금 몇 시인지 알려 줄 수 있어요?
- [ ] 당신의 우산을 빌려 줄 수 있어요?
- [ ] 저 대신 갈 수 있어요?

Writing Training

41~45

아래의 패턴을 이용하여
영어로 써보세요!

Will you ~?

Could you ~?

Would[Do] you mind -ing ~?

Would you ~?

Won't you ~?

41 다음 주 일요일에 시간 있으세요?

내일 돈이 필요하세요?

회의에 참석할 예정입니까?

전철로 갈 생각입니까?

이 책 좀 빌려 주시겠어요?

역으로 가는 길을 가르쳐 주시겠어요?

문을 닫아 주시겠어요?

소금을 좀 집어 주시겠어요?

커피 한 잔 더 드시겠어요?

-----

42   함께하지 않을래요?

들어오지 않을래요?

좀 앉지 않을래요?

같이 쇼핑하지 않겠어요?

오늘 저녁에 우리와 같이 가지 않겠어요?

오늘 밤에 영화 보러 가지 않겠어요?

저와 같이 테니스 치지 않을래요?

케이크 좀 드시겠어요?

차를 더 드시겠어요?

43   역까지 태워 주시겠어요?

이 편지를 부쳐 주시겠어요?

사진 좀 찍어 주시겠어요?

소금 좀 건네주시겠어요?

커피 한 잔 더 주시겠어요?

좀 깎아 주시겠어요?

제 부탁을 들어주시겠어요?

조용히 해 주시겠어요?

당신의 전화번호를 가르쳐 주시겠어요?

44 당신의 차를 빌려 줄 수 있어요?

이것을 교환해 주실 수 있습니까?

잠시 기다려 주실 수 있어요?

잠시만 기다려 주실 수 있어요?

저에게 복사해 줄 수 있어요?

내일 저를 보러 와 주실 수 있어요?

창문 좀 열어 주실 수 있어요?

설탕 좀 집어 주실 수 있어요?

제 가방을 옮겨 주실 수 있어요?

45 저를 도와주실 수 있어요?

이것을 운반해 주실 수 있어요?

가위를 집어 주시겠어요?

조금 기다려 주시겠어요?

나중에 다시 전화해 주시겠어요?

여기서는 담배를 삼가해 주시겠습니까?

지금 몇 시인지 알려 줄 수 있어요?

당신의 우산을 빌려 줄 수 있어요?

저 대신 갈 수 있어요?

A 새 〈어벤저스〉 영화야. 같이 갈래?

It's the new <Avengers> movie.

B 난 벌써 봤어.

I've already seen it.

A 일 끝나고 갈 건데. 나랑 같이 쇼핑하러 갈래?

I'm going after work.

B 좋아.

Sounds good.

A 휴대전화 좀 빌려 줄래?

B 여기 있어. 어디에서 잃어버린 거야?

Here you are. Where did you lose it?

A 날 위해 뭔가 해 줄 수 있어?

B 물론이야.

Of course.

A 당신 컴퓨터 써도 돼요? 내 컴퓨터가 고장났거든요.

My computer broke down.

B 네, 그럼요.

No, not at all.

상대방에게 허가나 양해를 구하기 ①	~해도 좋습니까? / (저는) ~할 수 있습니까?	*Can I ~?*

Can I borrow this umbrella?
이 우산을 빌릴 **수 있습니까?**

CHECK **POINT**

- 일반적으로 상대방에게 자신의 행동을 허가 받으려고 할 때 사용하는 표현이나, 상대방에게 '도움' 등 뭔가 해 주고자 할 때도 쓸 수 있습니다. **can** 대신 **could**를 써서 **Could I ~?**라고 하면 정중한 표현이 됩니다.
  Can I take a message? (메세지를 전해드릴까요?)

- **May I ~?**(PATTERN 47)도 **Can I ~?**와 같은 의미로 사용되는데, 좀 더 격식을 차린 표현입니다.

■ PATTERN **DRILL 1**

여기서 담배를 피워도 됩니까?	**Can I** smoke here?
이것을 가져도 됩니까?	**Can I** keep this?
한국 원화로 지불해도 됩니까?	**Can I** pay in Korean won? 1
이거 입어 봐도 될까요?	**Can I** try this on?
예약할 수 있나요?	**Can I** make a reservation?

■ PATTERN **DRILL 2**

메시지를 남길 수 있나요?	**Can I** leave a message?
잠깐 이야기 좀 해도 될까요?	**Can I** talk to you for a minute?
주문하시겠습니까?	**Can I** take your order? 2
물 한 잔 주시겠어요?	**Can I** have a glass of water? 3

1 이 표현은 **Do you take[accept] Korean won**?이라고도 할 수 있습니다. 마찬가지로 'VISA 카드를 사용할 수 있습니까?'는 **Can I use VISA**? 또는 **Do you take[accept] VISA**?라고 말합니다.

2 레스토랑 등에서 종업원이 주문을 받을 때 쓰는 표현입니다.

3 음식이나 음료수를 부탁할 때 사용하는 표현으로, 마지막에 **please**를 붙이면 더욱 정중한 표현이 됩니다.

※ **Can[May] I ~?**에 대한 응답 요령
① 허가할 때
  Certainly. / Of course. / Sure. / Go ahead. / All right. / OK. (좋습니다 / 허가합니다)
② 허가하지 않을 때
  I'm afraid you can't. (미안하지만, (당신은) 할 수 없습니다.)
  I'm sorry, but I can't let you do that. (미안하지만, 그것을 허가할 수 없습니다.)

■ ACTUAL **CONVERSATION**

A	I would like to buy a shirt.	셔츠를 사려고 하는데요.
B	How about this white one?	이 흰색 어떠세요?
A	입어 봐도 돼요?	Can I try it on?
B	Of course. The fitting room is over there.	물론이죠. 탈의실은 저쪽입니다.

| 상대방에게 허가나 양해를 구하기 ② | ~해도 됩니까? / ~하게 해 주세요 | *May I ~?* |

May I come in?
들어가**도 됩니까**?

CHECK **POINT**

- 상대방에게 자신의 행동을 '허가'받을 때 쓸 수 있는데, 뭔가 하겠다고 정중하게 자청하는 표현이 되기도 합니다.

- **Can I** ~?(**PATTERN 46**) 구문도 같은 의미지만, **May I** ~? 에는 '당신에게 허락을 받겠다'는 어감이 있기 때문에 윗사람에게 말할 때나 공식적인 상황에서 격식을 갖춘 표현으로 쓰입니다.

- **may** 대신 과거형 **might**를 사용한 **Might I** ~?는 더 정중하지만, 회화에서는 많이 사용하지 않습니다.

- **Is it possible to** ~?(~해도 될까요?)은 우회적으로 부탁하거나 허가를 구할 때 활용되는 표현입니다.

■ PATTERN **DRILL 1**

여기에 앉아도 될까요?	**May I** sit here?
그걸 봐도 될까요?	**May I** see it?
질문해도 될까요?	**May I** ask you a question?
전화를 좀 빌려 주시겠어요?	**May I** use your phone?
화장실을 써도 될까요?	**May I** use the washroom[restroom / bathroom / toilet]? 1

우유를 더 마셔도 됩니까?	**May I** have some more milk?
제 소개를 할까요?	**May I** introduce myself?
존을 부탁합니다.	**May I** speak to John? 2
도와드릴까요?	**May I** help you?

1 화장실은 미국과 영국, 또는 개인 주택과 공공시설 등의 장소에 따라 **washroom**, **restroom**, **bathroom**, **toilet** 등 여러 가지로 표현됩니다. 공중 화장실 등에 쓰여 있는 **W.C.**는 **water closet**(수세식 화장실)의 약어입니다. 사람들과 함께 있을 때 화장실에 가기 위해 자리를 떠야 할 때는 **May I be excused**?(실례해도 될까요?)라고 완곡하게 표현하는 것이 좋습니다.

2 전화통화에서 쓰는 표현으로, '**May I speak to** + 이름?'은 전화 통화에서 '(누구) 부탁합니다, 바꿔 주세요.'라고 말할 때 사용합니다. '**I'd like to speak to** + 이름'이라고도 할 수 있습니다.

■ ACTUAL **CONVERSATION**

A 사인 좀 해 주세요.	May I have your autograph?
B Sure, what's your name?	물론이죠. 이름이 뭐죠?
A Hye-mi. I'm a big fan of yours.	혜미예요. 당신의 열성 팬이랍니다.
B Thank you.	고마워요.

| 상대방에게 허가나 양해를 구하기 ③ | ~해도 괜찮아요? | *Do[Would] you mind if I ~?* |

Do you mind if I open the window?

창문을 열어**도 괜찮겠어요?**

CHECK **POINT**

- 자신의 행동을 상대방에게 '허가'받을 때 쓰는 표현입니다.

- 같은 표현으로 **Would you mind if I ~?**가 있습니다. 이 때 **if** 뒤의 동사는 보통 '과거형'을 씁니다. 이는 일종의 가정법으로, 조심스럽고 정중한 표현이 됩니다.

- **Do you mind if I ~?**는 **would**보다는 격식을 덜 갖춘 표현이며, 이때 **if** 뒤의 동사는 '현재형'입니다. 친한 사이에는 **do you**를 생략한 **Mind if I ~?**라고 할 수도 있습니다.

- **if I ~** 대신 **my -ing**를 사용한 **Do[Would] you mind my -ing ~?** 구문도 '~해도 됩니까?'와 같은 의미를 나타냅니다. 여기서도 **do**보다는 **would**를 사용하는 것이 더 정중한 표현이 됩니다.

■ PATTERN **DRILL 1**

담배를 피워도 괜찮아요?	**Do you mind if I** smoke?
전화를 써도 괜찮아요?	**Do you mind if I** use your phone?
부탁을 드려도 괜찮아요?	**Do you mind if I** ask you a favor?
내일 당신이 있는 곳에 가도 됩니까?	**Do you mind if I** come to your place tomorrow?
당신과 같이 가지 않아도 괜찮습니까?	**Do you mind if I** don't come with you?

창문을 닫아도 괜찮아요?	**Would you mind if I** closed the window?
이 우산을 빌려도 괜찮아요?	**Would you mind if I** borrowed this umbrella?
음량을 조금 올려도 괜찮아요?	**Would you mind if I** turned up the volume a little?
여기 앉아도 됩니까?	**Would you mind** my taking this seat? 1

1   회화에서는 동명사(-ing) 앞에 **my**(소유격) 대신 **me**(목적격)를 사용한 **Do[Would] you mind me -ing ~?** 형태도 사용할 수 있습니다.

※ **Do you mind if I~로 물었을 때 대답**

① 허락할 때 : ~해도 좋다

No, not at all. / Certainly not. / Of course not. (예, 좋습니다. / 싫지 않습니다.) / **Please go ahead.** (예, 하세요.) / **Please be my guest.** (예, 어서 하세요.) / **That's fine with me.** (저는 상관없습니다.)

② 허락하지 않을 때 : ~하지 말았으면

I can't let you do that. (당신에게 그걸 하게 할 수 없습니다.) / **I'm sorry, but I can't permit it.** (미안하지만, 허락할 수 없습니다.) / **I'd rather you didn't.** (될 수 있으면 하지 않았으면 해요.)

■ ACTUAL **CONVERSATION**

A 질문 하나 해도 돼요?	Would you mind if I asked a question?
B Of course not. Go ahead.	물론이죠. 하세요.
A I don't understand No. 3.	3번이 이해가 안 돼요.
B Oh, let me explain.	오, 제가 설명해 드리죠.

권유나 제안하기 ①	제가 ~할까요?	*Shall I ~?*

Shall I give you a hand**?**

도와드릴**까요**?

CHECK **POINT**

- 자신이 뭔가 하겠다고 자청할 때 쓰는 표현으로, 자신의 행동에 대해 상대방의 '의지'나 '지시'가 어떠한지 물어봅니다. 뒤에 동사원형을 씁니다.

- 이 구문의 대답은 **Yes, please.**(예, 부탁합니다.)나 **No, thank you.**(아니오, 괜찮습니다.) 등으로 할 수 있습니다.

- **Shall I ~?**와 마찬가지로 '**Do you want me to + 동사원형? / Would you like me to + 동사원형?**'도 '~할까요?'라는 뜻으로 사용됩니다. 실제 회화에서는 이런 표현들이 자주 사용됩니다.

  Shall I close the door? (문을 닫을까요?)

  → **Do you want me to close the door?**

  → **Would you like me to close the door?**

  (**do**보다 **would**가 더 정중한 표현입니다.)

■ PATTERN **DRILL 1**

창문을 열까요?	**Shall I** open the window?
당신의 짐을 옮길까요?	**Shall I** carry your baggage[luggage] for you? 1
주스를 사 올까요?	**Shall I** get a can of juice for you?
이 책을 빌려 드릴까요?	**Shall I** lend you this book?
사진을 좀 보여 드릴까요?	**Shall I** show you some photos?

■ PATTERN **DRILL 2**

차로 집에까지 데려다 드릴까요?	**Shall I** drive you home?
(차로) 데리러 갈까요?	**Shall I** come to pick you up? ₂
택시를 부를까요?	**Shall I** call you a taxi?
그가 오면 당신에게 전화하라고 할까요?	**Shall I** have him call you back?

1 여행 등에서 손에 들고 걸을 수 있는 수하물은 미국에서 **baggage**, 영국에서 **luggage**라고 합니다. 둘 다 셀 수 없는 명사로, 짐 한 개는 **a piece of baggage[luggage]**, 짐 세 개는 **three pieces of baggage[luggage]**로 표현합니다.

2 **pick up**은 '~을/를 집다, 을/를 가지러 가다' 등의 의미이지만, '(차로) 데리러 가다'라는 의미로 많이 사용합니다.

■ ACTUAL **CONVERSATION**

A Would you like to visit tomorrow?	내일 놀러 올래요?
B Yes, I'd like that.	네, 좋아요.
비스킷을 좀 가져갈까요?	Shall I bring some biscuits?
A Sure. I'll prepare some coffee for you.	그럼요. 나는 커피를 좀 준비할게요.
B I'm looking forward to it.	기대되는데요.

| 권유나 제안하기 ② | ~할까요? / ~해요 | *Shall we ~?* |

Shall we <u>go</u>?

갈**까요**?

CHECK **POINT**

- 자신들의 행동에 대해 상대방에게 '의향'을 물어보거나 '권유'나 '제안'할 때 쓰는 표현으로, **PATTERN 49**와 같지만 주어가 **I**에서 **we**로 바뀐 것입니다. 한국어로 해석할 때는 앞뒤 흐름을 보고 판단합니다.
- 이 구문의 대답은 **Yes, let's.**(예, 그렇게 해요.)나 **No, let's not.**(아니오, 하지 말아요.) 등이 있습니다.

■ PATTERN **DRILL 1**

오늘 밤 외출할까요?	**Shall we** go out tonight?
산책하러 갈까요?	**Shall we** go for a walk? 1
이번 주말에 드라이브할까요?	**Shall we** go for a drive this weekend? 2
쇼핑하러 갈까요?	**Shall we** go shopping?
스키 타러 같이 갈래요?	**Shall we** go skiing together?

내일 콘서트에 갈까요?	**Shall we** go to a concert tomorrow?
야구 경기를 보러 갈까요?	**Shall we** go to see a baseball game?
점심 먹을까요?	**Shall we** have lunch?
커피 마시면서 잠시 쉴까요?	**Shall we** take a coffee break?

1 / 2 **go for** ~는 '~하러 가다 / ~로 외출하다'라는 의미입니다.

■ ACTUAL **CONVERSATION**

A	I'm full. It was very delicious.	배불러요. 아주 맛있었어요.
B	산책하러 갈까요?	Shall we go for a walk?
A	Sounds good. You'd better put on a jacket.	좋아요. 재킷을 입는 게 좋겠어요.
B	Good idea. I'll bring some water too.	좋은 생각이에요. 저도 물을 좀 챙길게요.

'**You'd better**+동사원형'은 '~하는 게 낫겠다' 상대방에게 권유할 때 부드러운 어감으로 쓰는 표현.

Speaking
Training
46~50

다음 문장을 영어로
크게 말해보세요!

46 Can I ~?

☐ 여기서 담배를 피워도 됩니까?

☐ 이것을 가져도 됩니까?

☐ 한국 원화로 지불해도 됩니까?

☐ 이거 입어 봐도 될까요?

☐ 예약할 수 있나요?

☐ 메시지를 남길 수 있나요?

☐ 잠깐 이야기 좀 해도 될까요?

☐ 주문하시겠습니까?

☐ 물 한 잔 주시겠어요?

47 May I ~?

☐ 여기에 앉아도 될까요?

☐ 그걸 봐도 될까요?

☐ 질문해도 될까요?

☐ 전화를 좀 빌려 주시겠어요?

☐ 화장실을 써도 될까요?

☐ 우유를 더 마셔도 됩니까?

☐ 제 소개를 할까요?

☐ 존을 부탁합니다.

☐ 도와드릴까요?

48 Do[Would] you mind if I ~?

☐ 담배를 피워도 괜찮아요?

☐ 전화를 써도 괜찮아요?

☐ 부탁을 드려도 괜찮아요?

☐ 내일 당신이 있는 곳에 가도 됩니까?

☐ 당신과 같이 가지 않아도 괜찮습니까?

- [ ] 창문을 닫아도 괜찮아요?
- [ ] 이 우산을 빌려도 괜찮아요?
- [ ] 음량을 조금 올려도 괜찮아요?
- [ ] 여기 앉아도 됩니까?

49 Shall I ~?

- [ ] 창문을 열까요?
- [ ] 당신의 짐을 옮길까요?
- [ ] 주스를 사 올까요?
- [ ] 이 책을 빌려 드릴까요?
- [ ] 사진을 좀 보여 드릴까요?

- [ ] 차로 집에까지 데려다 드릴까요?
- [ ] 데리러 갈까요?
- [ ] 택시를 부를까요?
- [ ] 그가 오면 당신에게 전화하라고 할까요?

50 Shall we ~?

- [ ] 오늘 밤 외출할까요?
- [ ] 산책하러 갈까요?
- [ ] 이번 주말에 드라이브할까요?
- [ ] 쇼핑하러 갈까요?
- [ ] 스키 타러 같이 갈래요?

- [ ] 내일 콘서트에 갈까요?
- [ ] 야구 경기를 보러 갈까요?
- [ ] 점심 먹을까요?
- [ ] 커피 마시면서 잠시 쉴까요?

Can I ~?

I'm going to~

Do[Would] you mind if I ~?

Shall I ~?

Shall we ~?

46 여기서 담배를 피워도 됩니까?

이것을 가져도 됩니까?

한국 원화로 지불해도 됩니까?

이거 입어 봐도 될까요?

예약할 수 있나요?

메시지를 남길 수 있나요?

잠깐 이야기 좀 해도 될까요?

주문하시겠습니까?

물 한 잔 주시겠어요?

47 여기에 앉아도 될까요?

그걸 봐도 될까요?

질문해도 될까요?

전화를 좀 빌려 주시겠어요?

화장실을 써도 될까요?

우유를 더 마셔도 됩니까?

제 소개를 할까요?

존을 부탁합니다.

도와드릴까요?

48 담배를 피워도 괜찮아요?

전화를 써도 괜찮아요?

부탁을 드려도 괜찮아요?

내일 당신이 있는 곳에 가도 됩니까?

당신과 같이 가지 않아도 괜찮습니까?

창문을 닫아도 괜찮아요?

이 우산을 빌려도 괜찮아요?

음량을 조금 올려도 괜찮아요?

여기 앉아도 됩니까?

49 창문을 열까요?

당신의 짐을 옮길까요?

주스를 사 올까요?

이 책을 빌려 드릴까요?

사진을 좀 보여 드릴까요?

차로 집에까지 데려다 드릴까요?

(차로) 데리러 갈까요?

택시를 부를까요?

그가 오면 당신에게 전화하라고 할까요?

50 오늘 밤 외출할까요?

산책하러 갈까요?

이번 주말에 드라이브할까요?

쇼핑하러 갈까요?

스키 타러 같이 갈래요?

내일 콘서트에 갈까요?

야구 경기를 보러 갈까요?

점심 먹을까요?

커피 마시면서 잠시 쉴까요?

A 입어 봐도 돼요?

B 물론이죠. 탈의실은 저쪽입니다.
Of course. The fitting room is over there.

A 사인 좀 해 주세요.

B 물론이죠. 이름이 뭐죠?
Sure, what's your name?

A 질문 하나 해도 돼요?

B 물론이죠. 하세요.
Of course not. Go ahead.

A 내일 놀러 올래요?
Would you like to visit tomorrow?

B 네, 좋아요. 비스킷을 좀 가져갈까요?
Yes, I'd like that.

A 배불러요. 아주 맛있었어요.
I'm full. It was very delicious.

B 산책하러 갈까요?

| 원하는 것을 표현하기 | ~을/를 하고 싶습니다[주세요] | *I would like ~* |

I would like a glass of water.

물 한 잔 갖다 **주세요**.

CHECK **POINT**

- 뒤에 명사를 써서 자신이 원하는 것을 정중하게 말할 때나 필요한 물건 또는 일을 부탁할 때 씁니다. 회화에서는 'I'd like ~'로 축약하여 말합니다.
- 같은 의미로, **I want + 명사**(~를 하고 싶다)가 있는데, 직접적인 표현으로 상황에 따라서는 무례하게 들릴 수 있으므로, 정중하게 'I would like ~'라고 하는 것이 좋습니다.

  I want a new bag. (새 가방을 갖고 싶어.)

  I would like a new bag. (새 가방을 갖고 싶습니다만.)

■ PATTERN **DRILL 1**

이 스웨터로 주세요.	**I would like** this sweater.
저 빨간 것으로 주세요.	**I would like** that red one.
스테이크를 주세요.	**I would like** a steak.
기회를 더 주세요.	**I would like** another chance.
햄버거와 아이스티를 주세요.	**I would like** a hamburger and an iced tea.

같은 걸로 주세요.	**I would like** the same.
영수증을 주세요.	**I would like** a receipt.
편도 차표를 주세요.	**I would like** a one-way[single] ticket. ₁
더 좋은 자리로 하고 싶은데요.	**I would like** a better seat.

1 편도표는 **a one-way ticket**(미국식), **a single ticket**(영국식)이라고 하며, 왕복표는 **a round-trip ticket**(미국식), **a return ticket**(영국식)이라고 합니다.

■ ACTUAL **CONVERSATION**

A May I take your order?	주문을 받아도 될까요?
B 국수 하나와 만두 하나 주세요.	I would like the noodles and a dumpling.
A Anything else?	더 필요하신 건요?
B A glass of beer, please.	맥주 한 잔 주세요.

| 정중하게 권유하기 | ~은/는 어떠세요? | *Would you like ~?* |

Would you like some tea?

차를 드시**겠어요**?

CHECK **POINT**

- **PATTERN51**의 의문형으로, 뒤에 명사를 씁니다. 상대방에게 뭔가 권할 때 쓰는 표현으로, 특히 음식물을 권할 때 많이 쓰입니다.

- 이 구문의 긍정의 대답은 **Yes, please.**(예. 주세요.) / 부정의 대답은 **No, thank you.**(아니오, 괜찮아요.), **I've had enough.**(충분합니다.) 등으로 합니다.

■ PATTERN **DRILL 1**

파스타에 치즈 좀 어떠세요?	**Would you like** some cheese on your pasta?
크림과 설탕을 넣을까요?	**Would you like** cream and sugar?
마실 것 좀 드릴까요?	**Would you like** something to drink?
아이스크림을 좀 더 드시겠어요?	**Would you like** some more ice cream?
좀 드시겠어요?	**Would you like** some? 1

■ PATTERN **DRILL 2**

조금 더 드시겠어요?	**Would you like** some more?
한 그릇 더 드시겠어요?	**Would you like** another helping? ₂
리필해 드릴까요?	**Would you like** a refill? ₃
읽을 것을 드릴까요?	**Would you like** something to read?

1 이 표현은 자기가 먹는 것을 상대방에게 권하며 '(당신도) 좀 드시겠어요?'라고 물어볼 때 쓰는 표현입니다.

2 **helping**은 명사로 '도움, 거들어줌' 등의 의미 외에도 음식의 '한 번 담는 분량, 한 그릇'이라는 뜻도 있습니다. **another helping / a second helping**은 '한 그릇 더'라는 말이 됩니다.

3 **refill**은 '새 보충물'이라는 뜻이지만 술이나 음료수를 '한 잔 더'라는 의미로도 사용됩니다.

■ ACTUAL **CONVERSATION**

A 마실 것을 드릴까요?	Would you like something to drink?
B Cappuccino, please.	카푸치노 주세요.
A Would you like cinnamon on top?	위에 시나몬 드릴까요?
B No, thanks.	아니요, 괜찮습니다.

No, **thanks**. 상대방의 호의를 거절할 때 쓰는 표현, 가게에서도 점원의 서비스를 원하지 않을 때 씀.

자신의 희망을 정중하게 표현하기 | ~하고 싶습니다 | *I would like to ~*

I would like to make a reservation.

예약을 **하고 싶습니다**.

CHECK **POINT**

- 자신이 하고 싶은 것을 정중하게 말할 때 쓰는 표현으로, 뒤에 동사를 씁니다. **PATTERN 51**과 비교하여 **'to+동사원형'**을 쓰는 것이 차이입니다. 회화에서는 **I'd like to ~**로 축약하여 말합니다.
- **I would love to ~**(꼭 ~하고 싶어요)라고 강조한 표현도 있습니다.
- **I would like to + A**(사람) **+ to + 동사원형'** 구문은 **to ~**가 나타내는 동작의 주체가 자신이 아니라 **'A**(사람)가 ~했으면 좋겠다'라는 의미가 됩니다.
  I would like you to come with me.
  (당신도 같이 가 주셨으면 합니다.)

■ PATTERN **DRILL 1**

차를 한 잔 더 마시고 싶습니다.	**I would like to** have another cup of tea.
주문을 취소하고 싶습니다.	**I would like to** cancel my order.
오늘 밤 두 자리를 예약하고 싶습니다.	**I would like to** reserve a table for two tonight. 1
이 치마를 입어 보고 싶습니다.	**I would like to** try on this skirt.
이 소포를 항공편으로 한국에 보내고 싶습니다.	**I would like to** send this package to Korea by air. 2

이 현금을 달러로 바꾸고 싶습니다.	**I would like to** change this cash to dollars.
당신에게 질문이 있습니다.	**I would like to** ask you a question.
브라운 씨와 통화하고 싶습니다. / 브라운 씨를 부탁합니다.	**I would like to** speak to Mr. Brown. 3
메시지를 남기고 싶습니다.	**I would like to** leave a message.

1   '예약하다'는 **make a reservation**, 이미 한 예약을 '취소하다'는 **cancel one's reservation**, '변경하다'는 **change one's reservation**, 예약을 '확인하다'는 **confirm one's reservation**입니다.

2   편지나 짐 등을 보낼 때 '항공편'은 **by air / by airmail**을 쓰고, '배편'은 **by ship / by sea mail**라고 합니다.

3   전화 통화에서 쓰는 표현입니다.

■ ACTUAL **CONVERSATION**

A What are you planning to do this weekend?	이번 주말에 뭐 할 거야?
B I'm going to go swimming with Isla	아일라와 수영하러 가려고.
A 괜찮다면, 나도 끼고 싶은데.	I would like to join if it's okay.
B Sure, please join us.	물론이지, 같이 가자.

| 상대방의 의사를 물어보기 | ~하고 싶으세요? /
~하시겠습니까? | *Would you like to ~?* |

Would you like to come with me?
같이 가**시겠습니까**?

CHECK **POINT**

- **PATTERN 53**의 의문형으로 뒤에 동사원형을 씁니다. 상대방의 희망을 묻거나 공손하게 권유, 제안할 때 쓰는 표현입니다.
- 일반적으로 상대방의 의사를 물어볼 때 사용하는 표현은 **Do you want to** + **동사** ~?(~하고 싶니? / ~할래?)라고 하는데 '**Would you like to** + **동사원형** ~?'라고 하면 좀 더 겸손한 표현이 됩니다.

■ PATTERN **DRILL 1**

저희와 함께 하시겠어요?	**Would you like to** join us?
오늘 오후에 테니스 치실래요?	**Would you like to** play tennis this afternoon?
드라이브 갈래요?	**Would you like to** go for a drive?
영화 보러 갈까요?	**Would you like to** go to the movies?
오늘 밤 데이트할래요?	**Would you like to** go out with me tonight?

■ PATTERN **DRILL 2**

저녁 식사는 밖에서 하는 게 어때요?	**Would you like to** go out for dinner? ₂
차 한 잔 더 드실래요?	**Would you like to** have one more cup of tea?
일 끝나고 술 한 잔 할까요?	**Would you like to** have a drink after work?
메시지를 남기겠습니까?	**Would you like to** leave a message?

1   **go to the movies**는 '영화를 보러 가다'라는 구문입니다.

	미국식 표현	영국식 표현
영화	**the movies**	**the cinema**
영화 한 편	**a movie**	**a film**
영화관	**a movie (theater)**	**cinema**

2   **dinner**는 저녁 식사로 해석되지만, 엄밀하게는 하루 중에서 가장 주요한 식사를 말합니다. 가벼운 저녁 식사는 **supper**라고 합니다. '식사를 하다'는 보통 **have dinner**라고 하지만 **eat dinner**라고도 하며, 특히 영국에서는 **take dinner**라고 합니다. '식사중'은 **be at dinner**라고 합니다.

■ ACTUAL **CONVERSATION**

A	Hello, may I speak to Henry?	여보세요, 헨리 있어요?
B	Sorry, Henry is not here.	죄송하지만, 헨리는 여기 없어요.
	메시지를 남기시겠어요?	Would you like to leave a message?
A	Thank you. I'm Matt, his friend. I'll call again.	감사합니다. 저는 그의 친구 맷이에요. 다시 전화하겠습니다.

'**May I speak to** + 대상?' 전화통화에서 통화하고 싶은 사람을 찾을 때 격식을 갖춰 쓰는 표현.

187

과거의 습관적 행위나 상태 표현하기	예전에 ~하곤 했다	*I used to ~*

I used to swim in this river.
저는 **예전에** 이 강에서 수영**하곤 했습니다**.

CHECK **POINT**

- 이 구문은 과거의 '습관적 동작'이나 '계속적 상태'를 나타냅니다. used는 뒤에 **to 부정사**를 동반하여 하나의 조동사 역할을 합니다. '과거와 현재의 대비' 상태를 나타내어 '예전에 ~했지만 지금은 다르다'라는 어감이 있습니다.

- 부정형은 보통 **didn't use(d) to** ~(이전에는 ~하지 않았다)라고 하지만, **never used to** ~ 라고도 합니다.

  She didn't use(d) to smoke.

  (그녀는 예전에 담배를 피우지 않았다.)

  We never used to eat out.

  (우리는 예전에 외식을 하지 않았다.)

■ PATTERN **DRILL 1**

예전에 매일 아침 산책을 했습니다.	**I used to** go for a walk every morning.
예전에 일요일에 자주 쇼핑을 갔습니다.	**I used to** go shopping on Sundays.
예전에 그들을 자주 방문했습니다.	**I used to** visit them quite often.
예전에 개를 길렀습니다.	**I used to** keep a dog.
예전에 채식주의자였습니다.	**I used to** be a vegetarian.

어렸을 때 로마에서 살았습니다.	**I used to** live in Rome when I was younger.
어렸을 때 피아노를 연습하곤 했습니다.	**I used to** practice the piano when I was a child.
예전에 담배를 많이 피웠지만, 지금은 끊었습니다.	**I used to** smoke a lot, but I have given up smoking now.
예전만큼 책을 많이 읽지 않습니다.	I do not read as much as **I used to**.

※ **I used to**~의 의문형
의문형은 보통 **Did + S + use(d) to** ~?(예전에 ~했습니까?)라고 합니다.
Did you use(d) to live here? (당신은 예전에 여기서 살았습니까?)
부가의문문에는 '**S + used to** ~, **didn't + S?**' 또는 '**S + didn't use(d) to** ~, **did + S?**'
라고 합니다.
You used to live in Seoul, didn't you? (당신은 전에 서울에 살았지요?)
He didn't use(d) to play golf, did he? (그는 예전에 골프를 안 쳤지요?)

■ ACTUAL **CONVERSATION**

A Can you play any musical instruments?	연주할 수 있는 악기 있어요?
B 바이올린을 연주하곤 했었죠, 하지만 지금은 연주할 수 없어요.	I used to play the violin, but I can't play now.
A Oh, I want to hear you play.	오, 당신이 연주하는 거 듣고 싶어요.
B I don't have the violin any more.	더 이상 바이올린도 없어요.

악기 이름에는 관사를 붙이지 않음. '악기를 연주한다'는 **paly**

189

Speaking *Training*

51~55

다음 문장을 영어로
크게 말해보세요!

51 I would like ~

- [ ] 이 스웨터로 주세요.
- [ ] 저 빨간 것으로 주세요.
- [ ] 스테이크를 주세요.
- [ ] 기회를 더 주세요.
- [ ] 햄버거와 아이스티를 주세요.

- [ ] 같은 걸로 주세요.
- [ ] 영수증을 주세요.
- [ ] 편도 차표를 주세요.
- [ ] 더 좋은 자리로 하고 싶은데요.

52 Would you like ~?

- [ ] 파스타에 치즈 좀 어떠세요?
- [ ] 크림과 설탕을 넣을까요?
- [ ] 마실 것 좀 드릴까요?
- [ ] 아이스크림을 좀 더 드시겠어요?
- [ ] 좀 드시겠어요?

- [ ] 조금 더 드시겠어요?
- [ ] 한 그릇 더 드시겠어요?
- [ ] 리필해 드릴까요?
- [ ] 읽을 것을 드릴까요?

53 I would like to ~

- [ ] 차를 한 잔 더 마시고 싶습니다.
- [ ] 주문을 취소하고 싶습니다.
- [ ] 오늘 밤 두 자리를 예약하고 싶습니다.
- [ ] 이 치마를 입어 보고 싶습니다.
- [ ] 이 소포를 항공편으로 한국에 보내고 싶습니다.

☐ 이 현금을 달러로 바꾸고 싶습니다.

☐ 당신에게 질문이 있습니다.

☐ 브라운 씨와 통화하고 싶습니다. / 브라운 씨를 부탁합니다.

☐ 메시지를 남기고 싶습니다.

54 Would you like to ~?

☐ 저희와 함께 하시겠어요?

☐ 오늘 오후에 테니스 치실래요?

☐ 드라이브 갈래요?

☐ 영화 보러 갈까요?

☐ 오늘 밤 데이트할래요?

☐ 저녁 식사는 밖에서 하는 게 어때요?

☐ 차 한 잔 더 드실래요?

☐ 일 끝나고 술 한 잔 할까요?

☐ 메시지를 남기겠습니까?

55 I used to ~

☐ 예전에 매일 아침 산책을 했습니다.

☐ 예전에 일요일에 자주 쇼핑을 갔습니다.

☐ 예전에 그들을 자주 방문했습니다.

☐ 예전에 개를 길렀습니다.

☐ 예전에 채식주의자였습니다.

☐ 어렸을 때 로마에서 살았습니다.

☐ 어렸을 때 피아노를 연습하곤 했습니다.

☐ 예전에 담배를 많이 피웠지만, 지금은 끊었습니다.

☐ 예전만큼 책을 많이 읽지 않습니다.

Would you like ~?

I would like ~

Would you like to ~?

I would like to ~

I used to ~

51 이 스웨터로 주세요.

저 빨간 것으로 주세요.

스테이크를 주세요.

기회를 더 주세요.

햄버거와 아이스티를 주세요.

같은 걸로 주세요.

영수증을 주세요.

편도 차표를 주세요.

더 좋은 자리로 하고 싶은데요.

52 파스타에 치즈 좀 어떠세요?

크림과 설탕을 넣을까요?

마실 것 좀 드릴까요?

아이스크림을 좀 더 드시겠어요?

좀 드시겠어요?

조금 더 드시겠어요?

한 그릇 더 드시겠어요?

리필해 드릴까요?

읽을 것을 드릴까요?

53 차를 한 잔 더 마시고 싶습니다.

주문을 취소하고 싶습니다.

오늘 밤 두 자리를 예약하고 싶습니다.

이 치마를 입어 보고 싶습니다.

이 소포를 항공편으로 한국에 보내고 싶습니다.

이 현금을 달러로 바꾸고 싶습니다.

당신에게 질문이 있습니다.

브라운 씨와 통화하고 싶습니다. / 브라운 씨를 부탁합니다.

메시지를 남기고 싶습니다.

54 저희와 함께 하시겠어요?

오늘 오후에 테니스 치실래요?

드라이브 갈래요?

영화 보러 갈까요?

오늘 밤 데이트할래요?

저녁 식사는 밖에서 하는 게 어때요?

차 한 잔 더 드실래요?

일 끝나고 술 한 잔 할까요?

메시지를 남기겠습니까?

55 예전에 매일 아침 산책을 했습니다.

예전에 일요일에 자주 쇼핑을 갔습니다.

예전에 그들을 자주 방문했습니다.

예전에 개를 길렀습니다.

예전에 채식주의자였습니다.

어렸을 때 로마에서 살았습니다.

어렸을 때 피아노를 연습하곤 했습니다.

예전에 담배를 많이 피웠지만, 지금은 끊었습니다.

예전만큼 책을 많이 읽지 않습니다.

A 주문을 받아도 될까요?

May I take your order?

B 국수 하나와 만두 하나 주세요.

A 마실 것을 드릴까요?

B 카푸치노 주세요.

Cappuccino, please.

A 괜찮다면, 나도 끼고 싶은데.

B 물론이지, 같이 가자.

Sure, please join us.

A 메시지를 남기시겠어요?

B 감사합니다. 저는 그의 친구 맷이에요. 다시 전화하겠습니다.

Thank you. I'm Matt, his friend. I'll call again.

A 연주할 수 있는 악기 있어요?

Can you play any musical instruments?

B 바이올린을 연주하곤 했었죠, 하지만 지금은 연주할 수 없어요.

직접 요구하기	~하세요	동사원형(RV) ~

Hurry up!

서둘러!

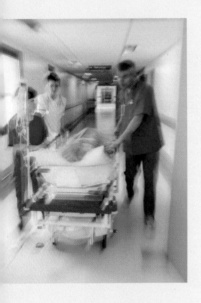

CHECK **POINT**

- 명령문은 '명령, 요구, 의뢰' 등을 표현한 문장입니다. 문장 끝에는 마침표를 찍지만, 감정이 들어갈 때는 느낌표(!)를 붙이기도 합니다.

- 원칙은 항상 눈 앞에 있는 사람에게 하는 말로 '듣는 사람(**you**)'이 확실하므로, 주어 **you**는 생략되고 동사원형으로 시작합니다. 하지만 상대방의 주의를 끌고 싶을 때는 '**you**'를 표시합니다. 이는 주어의 역할보다는 일종의 주의 환기, 호소를 나타내며, 이때는 **you**를 강하게 발음합니다.

  You go first. (당신이 먼저 가세요.)

■ PATTERN **DRILL 1**

조심해! / 위험해!	**Watch[Look] out!** 1
날 그냥 내버려 둬!	**Leave** me alone!
침착해!	**Calm** down!
들어오세요.	**Come** (on) in.
마음껏 드십시오.	Just **help** yourself. 2

■ PATTERN **DRILL 2**

이 길을 따라 똑바로 가세요.	**Go** straight along this street.
오른쪽[왼쪽]으로 도세요.	**Turn** right[left]. ₃
조심하세요.	**Take** care.
(당신) 부인에게 안부 전해 주세요.	**Say** hello to your wife for me.

1 **Watch**[**Look**] **out**!은 '조심해! / 위험해! / 주의해!' 등 위험을 알리고 주의를 환기하는 표현입니다.

2 동사 **help**에는 요리나 음료수를 '갖다 주다 / 권하다'라는 뜻이 있어서 **help oneself** 라고 하면 '(자기가) 덜어서 먹는다(마신다)', **help oneself to** ~라고 하면 '~을/를 자유롭게 먹는다(마신다)'는 의미가 됩니다.

3 이 문장에서 **right, left**는 부사로 쓰였는데, 명사로 쓰이면 '**Turn to the right**[**left**].'라고 해야 합니다.

※ **명령의 느낌을 강하게 할때 do**
명령문의 느낌을 강하게 하려면 앞머리에 **do**를 붙입니다.
Do come again.(꼭 다시 와 주세요.)

※ **명령문의 어감을 조금 부드럽게 할 때 please**
명령문의 앞머리 또는 뒤에 **please**를 덧붙여 '~해 주세요'라는 '정중한 명령, 의뢰'의 어감을 더합니다.

■ ACTUAL **CONVERSATION**

A I have to tell you something.	너한테 할 말이 있어.
B What is it?	뭔데?
A I don't know how to tell you.	뭐라고 말해야 할지 모르겠네.
B 솔직히 말해 봐. **What is it?**	Spit it out. 뭔데?

Have 명령문	~을/를 가지세요[하세요]	*Have ~*

Have some cake.
케이크 **드세요**.

CHECK **POINT**

- **have**의 기본 의미는 '가지다'이지만, '(물질적인 물건을) 가지다' 외에도 '(성질 등 추상적인 것을) 가지다 / (음식물을) 먹다, 마시다'라고 할 때도 씁니다.

- 'Have ~'를 직역하면 '~을/를 가지세요'라는 명령문이므로, 허물없는 사이에서 '~를 먹어 봐'라는 뜻으로 쓰지만, 윗사람이나 예의를 갖춰야 할 때는 'Will you ~? / Would you ~?' 구문을 사용합니다.
  Have some cake. (케이크 좀 먹어.)
  → **Will[Would] you have some cake?**
  (케이크는 좀 어떠세요?)

■ PATTERN **DRILL 1**

자신감을 가지세요.	**Have** confidence.
부탁이야!	**Have** a heart! 1
앉으세요.	**Have** a seat.
담배 한 대 피우세요.	**Have** a cigarette.
파이 한 조각 드세요.	**Have** a piece of pie.

한 잔 더 드세요.	**Have** another drink.
재미있게 보내세요.	**Have** fun.
좋은 하루 보내세요.	**Have** a nice day. 2
즐거운 주말 보내세요.	**Have** a nice weekend.

1   **heart**의 '(따뜻한) 마음'이라는 뜻에서 **Have a heart**!는 '관대한 마음을 가져줘', 즉 뭔
      가를 용서하거나 면제해 달라고 할 때 '부탁이야! / 어떻게 좀 안 될까? / 좀 봐 줘!'
      라는 뜻으로 사용됩니다.

2   '**Have a good**[nice] ~'은 헤어질 때 자주 사용하는 표현으로, '즐거운 ~을/를 ~하세
      요'라는 뜻입니다. 이 표현은 아침에 외출하는 사람에게 '다녀오세요'라거나 또는 가
      게 등에서 점원이 손님에게 상품을 건네주며 '즐거운 하루 보내세요'라는 뜻으로 쓰
      입니다.

■ ACTUAL **CONVERSATION**

A What are you doing for the holidays?   휴가 때 뭐 할 거야?
B I'm going to my grandmother's.   할머니네 갈 거야.
A That sounds like fun.   재미있겠다.
   즐거운 시간 보내!   Have a wonderful time!
B You too. See you next month!   너도. 다음 달에 만나!

Be 명령문	~해라	*Be ~*

Be quiet.

조용히 **해**.

CHECK **POINT**

- 명령문은 보통 동사원형으로 시작하는데, **be동사**의 명령형은 그 원형인 **be**로 시작합니다. 그리고 **Be** 뒤에는 명사나 형용사가 옵니다.
- 명령 받는 사람은 늘 당신(**you**)이므로, '**Be ~**' 명령문을 일반 문장으로 바꿀 때는 '**You are** ~'가 됩니다.
  Be kind to elderly people. (노인에게 친절히 대해라.)
  →**You are kind to elderly people.**
  　　(당신은 노인에게 친절합니다.)
- 명령문의 느낌을 강조하기 위해 문장 앞에 **do**를 붙일 때도 있습니다.
  Do be quiet. (조용히 하라니까.)
  → 좀처럼 조용히 하지 않는 상대에게 사용합니다.

■ PATTERN **DRILL 1**

조심해.	**Be** careful.
시간 엄수해.	**Be** punctual. 1
상냥하게 대해.	**Be** gentle.
남들에게 친절히 해.	**Be** kind[nice / good] to others.
강해져.	**Be** strong. 2

꼭 다시 와 줘.	**Be** sure to come again. ₃
잘 있어.	**Be** well.
7시에 여기로 와.	**Be** here at seven o'clock.
얌전히 잘 있어.	**Be** a good boy.

1 **punctual**은 '시간에 정확한'이라는 뜻으로, '약속 시간을 잘 지키다'는 **be punctual for appointments**라고 합니다.

2 '**Be strong**.'과 비슷한 표현으로, '**Be a man**.(남자답게 행동해.)'이 있습니다.

3 '**be sure to** + 동사원형'은 명령문(반드시 ~해라)으로 쓰일 수 있습니다. 회화에서는 '**Be sure and** + 동사원형'이라고도 합니다.
   Be sure and close the window. (꼭 창문을 닫아.)

■ ACTUAL **CONVERSATION**

A	소년이여, 야망을 가져라!	Boys, be ambitious!
B	I'm not a boy.	난 소년이 아닌데.
A	Sorry. 소녀여, 야망을 가져라!	미안해. Girls, be ambitious!
B	I am. I believe I can make my dreams come true.	그래, 난 내 꿈을 이룰 수 있을 거라고 믿어.

| 금지 명령문 | ~하지 마세요 | **Don't +** 동사원형 |

Don't do that again**!**
그런 짓 다시는 **하지 마**!

CHECK **POINT**

* '**Don't + 동사원형**' 구문은 부정명령문으로 '~하지 마'라는 금지를 나타냅니다. 내용에 따라서 금지보다는 '~하지 마 / 하지 마세요'라는 부탁이나 충고의 어감일 수도 있습니다.

* **don't** 대신 **never**를 사용하여 '**Never + 동사원형**'라고 할 수 있는데, '결코 ~하지 마라'는 의미의 강한 금지를 나타냅니다.

* **be동사**의 부정명령문도 **don't**를 사용하여 '**Don't be + 형용사/명사**'라고 합니다.

■ PATTERN **DRILL 1**

날 방해하지 마.	**Don't** bother me.
편지 쓰는 거 잊지 마.	**Don't** forget to write.
(그 일은) 걱정 마.	**Don't** worry (about it).
정도껏 해. / 너무 열심히 하진 마.	**Don't** work too hard. 1
무례하게 굴지 마.	**Don't** be rude.

바보 같은 소리 하지 마.	**Don't** be silly.
걱정하지 마. / 상관없어요.	**Never** mind. ₂
절대 포기하지 마.	**Never** give up! ₃
약한 소리 하지 마.	**Never** say die! ₄

1 '**Don't work too hard.**'를 직역하면 '너무 열심히 일하지 마 / 너무 무리하지 마'라는 뜻인데, 헤어질 때 '적당히 해'라며 인사로 하는 말로 쓰입니다.

2 '**Never mind.**'는 상대가 어떤 일에 너무 신경을 쓸 때 '신경 쓰지 마'라고 위로하는 말이나 상대가 사과할 때 '상관없어요**(= It's okay.)**'라는 대답으로도 쓰입니다.

3 비슷한 표현으로 **Hang in there**!(참고 견뎌라!)가 있습니다.

4 직역하면 '절대로 죽는다고 하지 마'라는 뜻인데, '약한 소리 하지 마'라는 의미로 '비관하지 마 / 절망하지 마', 즉 '기운을 내라'며 상대방을 위로하는 표현이 됩니다.

■ ACTUAL **CONVERSATION**

A	Didn't you call Heather yet?	헤더에게 아직 전화 안 했어?
B	No, I'll call her tomorrow.	응, 내일 전화하려고.
A	튕기지 마.	Don't play hard to get.
B	Oh, do you think she might lose interest in me?	오, 그녀가 나한테 흥미를 잃을 거 같니?

공손하게 부탁하기 | ~해 주세요 /
~을/를 주세요[부탁합니다] | **동사원형, +** ***Please*** **/**
명사, ***please***

Close the door, **please.**
문을 닫아**주세요**.

CHECK **POINT**

- 명령문은 보통 동사원형으로 시작하여 '~해 주세요' 라고 하지만, 명령문의 앞이나 끝에 **please**를 붙이면 정중한 명령, 즉 '의뢰'의 표현이 됩니다.

- **please**가 문장 끝에 있으면 말꼬리를 올릴 때가 많은데, 앞머리에 있을 때와 비교하면 친근감이 있고 허물없는 표현이 됩니다.

- **명사 + please**는 원하는 물건이나 부탁할 것의 뒤에 **please**를 붙여 '요구'를 나타내는 간단한 표현입니다. 가게나 레스토랑 등에서 '주문'할 때도 자주 사용합니다.

- **명사 + please**는 '부탁' 등 공손히 말해야 하는 다양한 상황에서 쓸 수 있습니다.

■ PATTERN **DRILL 1**

이것을 해 주세요.	Do this, **please.**
이쪽으로 와 주세요.	Come here, **please.**
리모컨을 집어 주세요.	Pass me the remote control, **please.**
다시 한 번 말해 주세요.	Say that again, **please.**
앉으세요.	**Please** take a seat.

이거 주세요.	This one, **please.**
커피 두 잔 주세요.	Two coffees, **please.** 1
계산해 주세요.	Check[Bill], **please.** 2
현금으로[카드로] 계산할게요.	Cash[Charge/Credit card], **please.** 3

1 **tea**나 **coffee** 등 음료수는 보통 '셀 수 없는 명사'이므로 **a cup of tea**(차 한 잔), **two cups of coffee**(커피 두 잔)으로 말합니다. 하지만 레스토랑에서 주문할 때는 **a tea**(= a cup of tea), **two coffees**(커피 둘)처럼 말할 수도 있습니다.

2 **check**은 미국식 표현이고, **bill**은 영국식 표현입니다.

3 명사 **charge**에는 '요금'이라는 뜻 외에 '외상(신용카드)'이라는 의미도 있으므로 가게에서 **Charge, please.**라고 말하면 '카드로 계산하겠습니다'라는 뜻이 됩니다.

※ 정중하게 부탁하는 표현
상황에 따라 정중하게 말해야 할 때는 '**Would you** + 동사원형?'(PATTERN 43)'이나 '**Could you** + 동사원형?'(PATTERN 44) 등으로 합니다. 명령문 뒤에 **will you?**를 붙여 부가의문문 형식으로 부드러운 어감으로 만들 수 있습니다.
Open the window, will you[won't you]? (창문을 열어주세요.)
Don't forget, will you? (잊지 마세요.)

※ I would like ~
'명사, please' 외에도 '**I want** + 명사(~을/를 원하다)', '**I would like** + 명사(~을/를 원합니다)' 라고 할 수 있습니다. 가게에서 주문할 때처럼 '~, **please**'라고 해도 되지만, 정중히 이야기할 필요가 있을 때는 '**I would like** ~'라고 하는 것이 좋습니다.

■ ACTUAL **CONVERSATION**

A Do you understand?	이해했어요?
B I don't understand all of it. 다시 말해 주세요.	다 이해 못 했어요. Say it again, please.
A Okay, listen carefully.	좋아요, 잘 들어보세요.
B 그리고 좀 천천히 말해 주세요.	And please speak more slowly.

Speaking
Training
56~60

다음 문장을 영어로
크게 말해보세요!

56 동사원형 RV ~

- [ ] 조심해! / 위험해!
- [ ] 날 그냥 내버려 둬!
- [ ] 침착해!
- [ ] 들어오세요.
- [ ] 마음껏 드십시오.

- [ ] 이 길을 따라 똑바로 가세요.
- [ ] 오른쪽으로 도세요.
- [ ] 조심하세요.
- [ ] 부인에게 안부 전해 주세요.

57 Have ~

- [ ] 자신감을 가지세요.
- [ ] 부탁이야!
- [ ] 앉으세요.
- [ ] 담배 한 대 피우세요.
- [ ] 파이 한 조각 드세요.

- [ ] 한 잔 더 드세요.
- [ ] 재미있게 보내세요.
- [ ] 좋은 하루 보내세요.
- [ ] 즐거운 주말 보내세요.

58 Be ~

- [ ] 조심해.
- [ ] 시간 엄수해.
- [ ] 상냥하게 대해.
- [ ] 남들에게 친절히 해.
- [ ] 강해져.

- [ ] 꼭 다시 와 줘.
- [ ] 잘 있어.
- [ ] 7시에 여기로 와.
- [ ] 얌전히 잘 있어.

59 Don't + 동사원형

- [ ] 날 방해하지 마.
- [ ] 편지 쓰는 거 잊지 마.
- [ ] 걱정 마.
- [ ] 정도껏 해. / 너무 열심히 하진 마.
- [ ] 무례하게 굴지 마.

- [ ] 바보 같은 소리 하지 마.
- [ ] 걱정하지 마. / 상관없어요.
- [ ] 절대 포기하지 마.
- [ ] 약한 소리 하지 마.

60 Please + 동사원형 / 명사, please

- [ ] 이것을 해 주세요.
- [ ] 이쪽으로 와 주세요.
- [ ] 리모컨을 집어 주세요.
- [ ] 다시 한 번 말해 주세요.
- [ ] 앉으세요.

- [ ] 이거 주세요.
- [ ] 커피 두 잔 주세요.
- [ ] 계산해 주세요.
- [ ] 현금으로 계산할게요.

Writing Training

56~60

아래의 패턴을 이용하여 영어로 써보세요!

동사원형 ~

Have ~

동사원형 + Please / 명사, please

Be ~

Don't + 동사원형

---

56 조심해! / 위험해!

날 그냥 내버려 둬!

침착해!

들어오세요.

마음껏 드십시오.

이 길을 따라 똑바로 가세요.

오른쪽[왼쪽]으로 도세요.

조심하세요.

(당신) 부인에게 안부 전해 주세요.

57 자신감을 가지세요.

부탁이야!

앉으세요.

담배 한 대 피우세요.

파이 한 조각 드세요.

한 잔 더 드세요.

재미있게 보내세요.

좋은 하루 보내세요.

즐거운 주말 보내세요.

58 조심해.

시간 엄수해.

상냥하게 대해.

남들에게 친절히 해.

강해져.

꼭 다시 와 줘.

잘 있어.

7시에 여기로 와.

얌전히 잘 있어.

59 날 방해하지 마.

편지 쓰는 거 잊지 마.

(그 일은) 걱정 마.

정도껏 해. / 너무 열심히 하진 마.

무례하게 굴지 마.

바보 같은 소리 하지 마.

걱정하지 마. / 상관없어요.

절대 포기하지 마.

약한 소리 하지 마.

60 이것을 해 주세요.

이쪽으로 와 주세요.

리모컨을 집어 주세요.

다시 한 번 말해 주세요.

앉으세요.

이거 주세요.

커피 두 잔 주세요.

계산해 주세요.

현금으로[카드로] 계산할게요.

A 뭐라고 말해야 할지 모르겠네.

I don't know how to tell you.

B 솔직히 말해 봐. 뭔데?

A 할머니네 갈 거야.

I'm going to my grandmother's.

B 재미있겠다. 즐거운 시간 보내!

That sounds like fun.

A 소년이여, 야망을 가져라!

B 난 소년이 아닌데.

I'm not a boy.

A 튕기지 마.

B 오, 그녀가 나한테 흥미를 잃을 거 같니?

Oh, do you think she might lose interest in me?

A 이해했어요?

Do you understand?

B 다 이해 못 했어요. 다시 말해 주세요.

I don't understand all of it.

자신의 의사를 표현하기	~하게 해 주세요 / ~할까요?	**Let me ~**

Let me help you.

도와드릴**게요**. / 도와드릴**까요**?

CHECK **POINT**

- 이 구문은 '(제가) ~하게 해 주세요'라는 의미로 자신에게 무엇을 시켜달라고 상대방에게 '의뢰'할 때 쓰는 일종의 명령문입니다. '(내가) ~할까요?'라고 나서서 뭔가 하겠다고 자청할 때도 사용할 수 있습니다. 뒤에는 동사원형을 씁니다.

- **let**은 사역동사인데, 다른 사역동사(**PATTERN 20**)인 **make**는 '(강제적으로) ~시키다'라는 의미인 반면, **let**은 '~하는 것을 허락하다 / ~하는 것을 저지하지 않는다'라는 의미로 **allow**와 비슷한 뜻입니다.
  Just let him help you. (동사원형-명령문)
  (그를 시켜서 당신을 돕도록 하세요.)
  I let him go. (과거형-사역문)
  (그를 가게 했다(보냈다).)

■ PATTERN **DRILL 1**

제가 하게 해 주세요. / 제가 할게요.	**Let me** do it.
제가 좀 해 볼게요.	**Let me** give it a try.
그것에 대해 생각해 볼게요.	**Let me** think about it.
보여 줘. / 글쎄, 뭐더라?	**Let me** see. 1
그걸 좀 보여 주세요.	**Let me** have a look at it.

■ PATTERN **DRILL 2**

당신의 짐을 옮길게요.	**Let me** carry your baggage[luggage] for you.
이건 제가 내겠습니다.	**Let me** pay for this.
제가 한 잔 사겠습니다.	**Let me** buy you a drink.
제 소개를 하겠습니다.	**Let me** introduce myself. ₂

1   '나한테 보여 줘'라는 뜻 말고도 생각 중이거나 의문이 있을 때 '음, 그러니까 / 잠깐 만'이라는 뜻으로 사용됩니다.

2   첫 만남에서 하는 인사로 '제 소개를 하겠습니다'라고 말할 때 쓰는 표현인데, **I'd like to introduce myself. / May I introduce myself**?'라고도 할 수 있습니다. **Let me introduce you**.라고 하면 '(내가) 당신을 (다른 사람에게) 소개하겠습니다.'라는 의미가 됩니다.

■ ACTUAL **CONVERSATION**

A	Can I ask you a question, please?	질문 하나 해도 돼요?
B	Sure.	물론이죠.
A	What does this word mean?	이 단어 뜻이 뭐예요?
B	보여 주세요.	Let me see.

| 상대방에게 함께하자는 제의를 할 때 | ~합시다 | *Let's ~* |

Let's go for a drive.
드라이브 갑**시다**.

CHECK **POINT**

- 상대방에게 뭔가를 '제안, 권유'하는 표현으로, 뒤에 동사원형을 씁니다.

- '**Let's** ~'는 '**Let us** ~'를 축약한 것이지만, '제안, 권유' 할 때는 주로 축약형으로 사용합니다. '**Let us** ~'는 문어적 표현이지만 허가를 구할 때 '**Let us go**.(저희를 가게 해 주세요.)' 등으로 쓰이기도 합니다.

- 부정형은 '**Let's not** + **동사원형**(~하지 않도록 합시다)'입니다. 영국에서는 '**Don't let's** + **동사원형**', 미국에서는 '**Let's don't** + **동사원형**'이라고 하기도 합니다.
  Let's not worry. (끙끙 앓지 말자. / 걱정은 그만두자.)

■ PATTERN **DRILL 1**

축제에 가요.	**Let's** go to the festival.
해변으로 가요.	**Let's** go to the beach. 1
집으로 가요.	**Let's** go home.
산책을 갑시다.	**Let's** take a walk.
10분 휴식합시다.	**Let's** take a ten-minute break.

(트럼프) 카드놀이 해요.	**Let's** play cards. 2
오늘 밤은 외식해요.	**Let's** eat out tonight.
일[공부]을 시작합시다.	**Let's** get to work.
(술) 마실까요? / 한 잔 할까요?	**Let's** have a drink, shall we?

1 휴가 등으로 '바다에 (놀러) 가다'라고 할 때는 **go to the sea**가 아니라 **beach, sea-side**를 사용하여 **go to the beach / go to the seaside**라고 합니다.

2 트럼프 카드에 해당하는 영어는 **cards**이고, '(트럼프) 카드놀이를 하다'는 **play cards** 라고 합니다.

※ **Let's~**의 대답

답할 때는 **Yes, let's.**(응. 그렇게 하자.) 또는 **No, let's not.**(아니, 하지 말자.) 등을 사용합니다. **No**라는 대답 뒤에는 **I'm busy.**(바쁩니다.) / **I have another appointment.**(다른 약속이 있습니다.) 등처럼 '거절하는 이유'를 덧붙입니다.

※ **Let's~**의 부가의문문

이 구문의 '부가의문문'은 **Shall we ~?**를 사용하여 **Let's ~, shall we?**(~할까요?)가 됩니다. 부가의문문은 상대에게 '확인'이나 '동의'를 구하는 의문문으로, 어감을 한층 부드럽게 합니다.

Let's go for a walk, shall we? (산책 갈까요?)

■ ACTUAL **CONVERSATION**

A	I don't know what to eat.	뭘 먹을지 모르겠네.
B	스파게티를 만들자.	Let's make spaghetti.
A	Really? Can you make spaghetti?	정말? 스파게티 만들 줄 알아?
B	Yeah it's easy, but first I have to buy a spaghetti sauce.	응, 쉬운데, 우선 스파게티 소스를 사야 해.

| What을 이용한 질문 ① | 무엇이 ~입니까? / 무엇을 ~합니까? | **What ~?** |

What do you want to do**?**

당신은 **무엇을** 원**하십니까?**

CHECK **POINT**

- 의문사 **what**은 사물에 대해 물어보고, 대명사 역할을 하므로 '의문대명사'라고 합니다. 문장 안에서는 '주어, 보어, 목적어' 중 하나가 됩니다.

- 의문사는 문장에서 '대명사'로 쓰여 '주어, 보어, 목적어' 역할을 하는 '의문대명사(**what, who, which**)'와 '부사'로 쓰여 수식어 역할을 하는 '의문부사(**when, where, why, how**)'가 있습니다.

- 의문사 의문문은 '**의문사** + **V** + **S?**' 어순이 되는데, 의문사가 주어 역할일 때는 '**S**(의문사) + **V?**' 어순이 되는 것에 주의합니다.
  What happened to him?(주어)
  (그에게 무슨 일이 생겼습니까?)

■ PATTERN **DRILL 1**

무슨 일입니까? / 왜 그러세요?	**What** happened?
왜 그렇게 생각하십니까?	**What** makes you think so?　1
무슨 일로 여기에 오셨습니까?	**What** has brought you here?
(그것을) 어떻게 생각하십니까?	**What** do you think (of it)?
무슨 뜻입니까?	**What** do you mean?　2

뭐라고 말했어요?	**What** did you say?
당신은 직업이 무엇입니까?	**What** do you do? 3
뭘 추천해 주시겠어요?	**What** do you recommend?
무엇을 드시겠습니까? / 무엇을 마시겠습니까?	**What** would you like to drink?

1   이런 문장에서는 **what**이 주어로 쓰였는데, 이런 무생물이 주어일 때 우리말로는 사람을 주어로, 무생물주어를 부사적으로 해석하는 것이 자연스럽습니다. **What makes you think so**? = **Why do you think so**?(당신은 왜 그렇게 생각하세요?)

2   **What does it mean**?이라고 할 수도 있습니다.

3   상대의 직업에 대해 물어보는 말인데, 정중하게 물어볼 때는 **May I ask what your occupation is**?(당신의 직업을 물어봐도 괜찮겠습니까?)라고 하는 것이 좋습니다.

※ **의문문의 종류**
① **일반의문문** : **yes, no**로 대답할 수 있고 의문사가 없는 의문문
② **특별의문문** : 의문사가 있고 **yes, no**로 대답할 수 없는 의문문
③ **선택의문문** : **A or B** 형태로 두 개(이상) 중에서 대답을 고를 수 있는 의문문
④ **부가의문문** : 상대방에게 다짐을 받거나 동의를 구하는 의문문

■ ACTUAL **CONVERSATION**

A 휴일에 뭐 해요?	What do you do on holidays?
B I usually stay at home.	대부분 집에 있어요.
A 집에서 뭘 하는데요?	What do you do at home?
B I read a book or watch TV.	책을 읽거나 텔레비전을 보죠.

| **What**을 이용한 질문 ② | ~은/는 무엇입니까? | *What is ~?* |

What is <u>this</u>?
이것은 무엇입니까?

CHECK **POINT**

- 사물에 대해 물어보는 말로, 관용적인 표현도 많은 만큼 많이 쓸 수 있는 구문입니다. 회화에서는 주로 **What's** ~?로 축약해서 말합니다.

- **what**은 주로 사물에 쓰이지만, '사람'에게도 쓰일 수 있습니다.

  What is he? (그는 무엇을 하는(어느 나라) 사람입니까?)

  사람의 '직업, 지위, 국적' 등을 물을 때 쓰는 표현입니다. 이 표현은 어떤 것을 물어보는지 애매하므로 다음과 같이 명확하게 표현할 수 있습니다.

  (직업) **What does he do**? / **What is his job**[**occupation** / **profession**]? (그의 직업은 무엇입니까?)

  (국적) **What nationality is he**? / **What is his nationality**? (그의 국적은 어디입니까?)

■ PATTERN **DRILL 1**

당신의 이름은 무엇입니까?	**What's** your name? 1
(지금) 몇 시예요?	**What's** the time?
오늘은 며칠입니까?	**What's** the date today? / **What's** today's date?
뭐 새로운 일 없어? / 요즘 어때?	**What's** new?
무슨 일 있어요?	**What's** the matter? 2

당신의 의견은 뭐예요?	**What's** your opinion?
이것은 뭐에 쓰는 것입니까?	**What is** this for?
당신은 뭐로 할 거예요? / 뭐 마실 [먹을] 거예요?	**What's** yours? 3
무슨 생각해?	**What's** on your mind?

1   이 표현은 직접적으로 묻는 말로, 공손하게 쓰려면 **May I ask[have] your name?**(이름을 물어봐도 되겠습니까?)라고 하는 것이 좋습니다. 접수창구에서 담당자가 손님에게 이름을 물어볼 때는 **What name shall I say?**나 **What name, please?**라고 합니다.

2   **the matter**라고 하면 '곤란한 일, 귀찮은 일'을 뜻합니다. **What's wrong?**이나 **What's the problem?**이라고도 할 수 있습니다.

3   레스토랑 등에서 '당신의 주문은 무엇으로 할 것입니까?'라고 격식 없이 물어보는 표현입니다.

■ ACTUAL **CONVERSATION**

A 전공이 뭐예요?	What is your major?
B My major is English.	제 전공은 영어예요.
A Do you like your major?	전공이 마음에 들어요?
B Yes. I like English literature.	네. 영어 문학작품을 좋아하거든요.

What을 이용한 질문 ③	…은/는 어떤 ~입니까?	***What ~?***

What kind of food do you like?

어떤 음식을 좋아**하세요**?

CHECK **POINT**

- **what**이 명사를 수식하는 의문형용사로, 'what + 명사'는 목적어로 쓰입니다.
- 형식은 '**What** + 명사 + 동사 + 주어~?'로, '(주어)는 어떤 (명사) ~입니까/합니까?'라는 의미입니다.

■ PATTERN **DRILL 1**

크기가 무엇입니까?	**What** size is it?
사무실은 몇 층에 있습니까?	**What** floor is the office on?
당신은 몇 학년입니까?	**What** year[grade] are you in? 1
오늘은 무슨 요일입니까?	**What** day (of the week) is it today? 2
오늘은 며칠입니까?	**What** day of the month is it today? 3

무슨 영화를 보고 싶어요?	**What** movie do you want to see?
스위스에서는 무슨 언어를 사용합니까?	**What** language do they speak in Switzerland?
몇 번에 전화하셨습니까?	**What** number are you calling? ₄
어떤 종류의 와인이 있습니까?	**What** kind of wine do you have?

1   학교에서 '학년'을 묻는 표현입니다. 미국 대학교의 학년을 다음과 같이 표현합니다.
1학년 freshman   2학년 sophomore   3학년 junior   4학년 senior

2 / 3   'What day is it today?'라고 하면, 보통 요일을 묻는 표현입니다. 날짜를 물어볼 때는 'What date is it today?'라고 합니다. 요일을 강조할 때는 **What day of the week is it today**?, 날짜를 강조해서 물어볼 때는 **What day of the month is it today**?라고 할 수 있습니다.

4   잘못 걸린 전화를 받았을 때 쓰는 표현입니다.

■ ACTUAL **CONVERSATION**

A	I heard you got the job.	취직했다고 들었는데.
B	Yes, I started working last week.	응, 지난주부터 일해.
A	어떤 회사인데?	What kind of company is it?
B	It's a stationery company. I'm in the marketing department.	문구 회사야. 마케팅부에 있어.

Speaking
Training
61~65

다음 문장을 영어로
크게 말해보세요!

61 Let me ~

- ☐ 제가 하게 해 주세요. / 제가 할게요.
- ☐ 제가 좀 해 볼게요.
- ☐ 그것에 대해 생각해 볼게요.
- ☐ 보여 줘. / 글쎄, 뭐더라?
- ☐ 그걸 좀 보여 주세요.

- ☐ 당신의 짐을 옮길게요.
- ☐ 이건 제가 내겠습니다.
- ☐ 제가 한 잔 사겠습니다.
- ☐ 제 소개를 하겠습니다.

62 Let's ~

- ☐ 축제에 가요.
- ☐ 해변으로 가요.
- ☐ 집으로 가요.
- ☐ 산책을 갑시다.
- ☐ 10분 휴식합시다.

- ☐ 카드놀이 해요.
- ☐ 오늘 밤은 외식해요.
- ☐ 일을 시작합시다.
- ☐ (술) 마실까요? / 한 잔 할까요?

63 What ~?

- ☐ 무슨 일입니까? / 왜 그러세요?
- ☐ 왜 그렇게 생각하십니까?
- ☐ 무슨 일로 여기에 오셨습니까?
- ☐ 어떻게 생각하십니까?
- ☐ 무슨 뜻입니까?

- [ ] 뭐라고 말했어요?
- [ ] 당신은 직업이 무엇입니까?
- [ ] 뭘 추천해 주시겠어요?
- [ ] 무엇을 드시겠습니까? / 무엇을 마시겠습니까?

64 What is ~?

- [ ] 당신의 이름은 무엇입니까?
- [ ] (지금) 몇 시예요?
- [ ] 오늘은 며칠입니까?
- [ ] 뭐 새로운 일 없어? / 요즘 어때?
- [ ] 무슨 일 있어요?

- [ ] 당신의 의견은 뭐예요?
- [ ] 이것은 뭐에 쓰는 것입니까?
- [ ] 당신은 뭐로 할 거예요? / 뭐 마실 거예요?
- [ ] 무슨 생각해?

65 What ~?

- [ ] 크기가 무엇입니까?
- [ ] 사무실은 몇 층에 있습니까?
- [ ] 당신은 몇 학년입니까?
- [ ] 오늘은 무슨 요일입니까?
- [ ] 오늘은 며칠입니까?

- [ ] 무슨 영화를 보고 싶어요?
- [ ] 스위스에서는 무슨 언어를 사용합니까?
- [ ] 몇 번에 전화하셨습니까?
- [ ] 어떤 종류의 와인이 있습니까?

Let's ~

What ~?

Let me ~

What is ~?

What ~?

61 제가 하게 해 주세요. / 제가 할게요.

제가 좀 해 볼게요.

그것에 대해 생각해 볼게요.

보여 줘. / 글쎄, 뭐더라?

그걸 좀 보여 주세요.

당신의 짐을 옮길게요.

이건 제가 내겠습니다.

제가 한 잔 사겠습니다.

제 소개를 하겠습니다.

62 축제에 가요.

해변으로 가요.

집으로 가요.

산책을 갑시다.

10분 휴식합시다.

(트럼프) 카드놀이 해요.

오늘 밤은 외식해요.

일(공부)을 시작합시다.

(술) 마실까요? / 한 잔 할까요?

63 무슨 일입니까? / 왜 그러세요?

왜 그렇게 생각하십니까?

무슨 일로 여기에 오셨습니까?

(그것을) 어떻게 생각하십니까?

무슨 뜻입니까?

뭐라고 말했어요?

당신은 직업이 무엇입니까?

뭘 추천해 주시겠어요?

무엇을 드시겠습니까? / 무엇을 마시겠습니까?

64 당신의 이름은 무엇입니까?

(지금) 몇 시예요?

오늘은 며칠입니까?

뭐 새로운 일 없어? / 요즘 어때?

무슨 일 있어요?

당신의 의견은 뭐예요?

이것은 뭐에 쓰는 것입니까?

당신은 뭐로 할 거예요? / 뭐 마실[먹을] 거예요?

무슨 생각해?

65 크기가 무엇입니까?

사무실은 몇 층에 있습니까?

당신은 몇 학년입니까?

오늘은 무슨 요일입니까?

오늘은 며칠입니까?

무슨 영화를 보고 싶어요?

스위스에서는 무슨 언어를 사용합니까?

몇 번에 전화하셨습니까?

어떤 종류의 와인이 있습니까?

A 이 단어 뜻이 뭐예요?

What does this word mean?

B 보여 주세요.

A 뭘 먹을지 모르겠네.

I don't know what to eat.

B 스파게티를 만들자.

A 휴일에 뭐 해요?

B 대부분 집에 있어요.

I usually stay at home.

A 전공이 뭐예요?

B 제 전공은 영어예요.

My major is English.

A 어떤 회사인데?

B 문구 회사야. 나는 마케팅부에 있어.

It's a stationery company. I'm in the marketing department.

시간에 대해 질문하기	몇 시에 ~합니까[입니까]?	*What time ~?*

What time is it now?

지금 **몇 시입니까**?

CHECK **POINT**

- 시간을 물어보는 표현으로, 단순히 '몇 시입니까?' 라고 '(현재) 시각'을 물어볼 때는 **What time is it?**이 라고 하고 대답은 **It is[It's]** ~.(~시입니다.)라고 합니다. (PATTERN 33)

- '**What time** + 조동사(**do** 등) + **S** + 동사원형 ~? (**S**는 몇 시에 ~합니까?)' 형식으로 질문할 수 있는데, 이 질문의 대답은 시간 앞에 **at**을 써서 '…에 ~합니다'라고 합니다.

  A : **What time do you usually go to bed**?

    (당신은 보통 몇 시에 잡니까?)

  B : **I usually go to bed at eleven**.

    (11시입니다.)

■ PATTERN **DRILL 1**

런던은 지금 몇 시입니까?	**What time** is it now in London?
다음 열차는 몇 시입니까?	**What time** is the next train?
몇 시에 귀가합니까?	**What time** are you coming home?
몇 시에 일어납니까?	**What time** do you get up?
몇 시에 엽니까[닫습니까]?	**What time** do you open[close]? 1

그건 몇 시부터 시작합니까?	**What time** does it start[begin]?
몇 시에 떠납니까?	**What time** shall we leave?
몇 시에 만날까요?	**What time** shall we meet?
서울에는 몇 시에 도착합니까?	**What time** will we arrive in Seoul?

1   가게나 시설의 문 여는 시간과 문 닫는 시간에 대해 물어보는 표현입니다.

■ ACTUAL **CONVERSATION**

A 몇 시에 뉴욕에 도착해요?	What time will you arrive in New York?
B About 2 p.m.	오후 2시쯤이요.
A I see. I will pick you up at the airport.	알겠어요. 공항에 마중하러 갈게요.
B Thank you.	고마워요.

선택에 대해 질문하기 ①	어느 것이 ~합니까[입니까]?	*Which ~?*

Which <u>do you like best</u>**?**

어떤 걸 가장 좋아**하세요**?

CHECK **POINT**

- 의문사 **which**는 '어느 것? / 어느 쪽?'을 물어볼 때 사용하며, 문장 안에서 '주어, 보어, 목적어' 모두 될 수 있습니다. 대명사로도 쓰여 '의문대명사'라고 불립니다.

- **which**는 사람과 물건 모두 다 쓸 수 있습니다.
  Which are your books? (어느 것이 당신의 책입니까?)
  Which are your parents? (어느 쪽이 당신의 부모님이십니까?)

- '~ 속에서 어느 것[어느 쪽]'처럼 '범위의 선택'을 나타낼 때는 **of**를 사용하여 '**which of** + 명사/대명사의 복수형'을 사용합니다.

■ PATTERN **DRILL 1**

어느 쪽이 좋으세요?	**Which** is better?
어느 쪽이 옳아요?	**Which** is correct?
어느 것이 당신 우산이에요?	**Which** is your umbrella?
가장 싼 것은 어느 것입니까?	**Which** is the cheapest one?
어느 것이 좋으세요?	**Which** would you like?

■ PATTERN **DRILL 2**

그들 중 누가 당신 선생님이에요?	**Which** of them is your teacher?
그들 중 누가 노래를 잘해요?	**Which** of them can sing better?
이것들 중에서 어느 것이 좋으세요?	**Which** of these do you prefer?
두 권 중에서 어느 쪽이 좋아요?	**Which** of the two books did you like better?

※ **Which**와 **What**의 차이
보통 한정된 범위에서 '어느 것? / 어느 쪽?'이라는 '선택'을 물어볼 때는 **which**를 사용하며, 범위가 한정적이지 않고 불특정한 것을 물어볼 때는 **what**을 사용합니다.
What did you buy? (뭘 샀니?)
Which (of those) did you buy? (그것들 중에서 뭘 샀니?)

■ ACTUAL **CONVERSATION**

A I need to buy a present for my girlfriend.	여자 친구 선물을 사야 해.
B I'll help you.	내가 도와줄게.
A 여자들은 반지와 목걸이 중 어느 것을 좋아해?	Which do you girls like better, rings or necklaces?
B I think necklaces are better.	목걸이가 좋을 거 같은데.

선택에 대해 질문하기 ②	어느 …것[쪽]이 ~입니까? / 어느 …것[쪽]이 ~합니까?	**Which ~?**

Which season do you like best**?**

어느 계절을 가장 좋아**합니까**?

CHECK **POINT**

- '**Which** + 명사 + 동사 ~?' 형식으로 '어느 …것(쪽)이 ~입니까?'라는 뜻이 됩니다.
- 이 **which**는 뒤에 오는 명사를 수식하는 형용사 역할을 하여 '의문형용사'라고 하기도 합니다.

■ PATTERN **DRILL 1**

어느 쪽?	**Which** one? 1
어느 소년이 나이가 더 많아요?	**Which** boy is older?
어느 소녀가 1등을 했어요?	**Which** girl won first prize?
어느 길이 역으로 가는 방향입니까?	**Which** street goes to the station?
어느 기차가 먼저 출발합니까?	**Which** train leaves first?

당신은 어느 쪽을 좋아합니까?	**Which** one do you like?
당신은 어느 레스토랑을 추천하십니까?	**Which** restaurant do you recommend?
캠브리지에 가려면 어느 버스를 타야 합니까?	**Which** bus should I take to go to Cambridge? ₂
어느 부서에서 일하십니까?	**Which** department do you work for?

1 **Which one?**은 어느 쪽인지 물어볼 때 간단하게 쓸 수 있습니다. **one**은 '**a + 셀 수 있는 명사의 단수형**'의 반복을 피하기 위해 사용하거나 '같은 종류 중에서 임의의 하나'를 가리킵니다.

2 '**Which bus[train] should I take (to go) to** + 지명?(~에 가려면 어느 버스[열차]를 타야 합니까?)'는 간단하게 '**Which bus[train] goes to** + 지명?(어느 버스[열차]가 ~에 갑니까?)'로 말할 수 있습니다.

■ ACTUAL **CONVERSATION**

A 밥과 빵 중 어느 것이 더 좋아?	Which one do you prefer, rice or bread?
B I prefer rice.	밥이 더 좋아.
A Then I'll make a curry and rice.	그럼 카레라이스를 만들게.
B I love Indian food!	인도 음식 아주 좋아하는데!

prefer '(다른 것보다) ~을 더 좋아한다, 선호한다'

233

선택에 대해 질문하기 ③	A와 B 어느 것[쪽]이 ~입니까? / A와 B 어느 것[쪽]을 ~합니까?	**Which ~, A or B?**

Which do you like better, cats **or** dogs?

고양이**와** 개, **어느 쪽을** 좋아**합니까**?

CHECK **POINT**

- **A**와 **B** 두 가지 물건이나 사람을 비교하거나 어느 한 쪽을 고르게 하는 표현입니다.
- 'Which ~, A or B?' 구문에서 **which**는 의문대명사 (**PATTERN 67**)와 의문형용사(**PATTERN 68**) 두 가지 용법 으로 다 쓰일 수 있습니다.

  Which do you prefer, tea or coffee?

  (홍차와 커피, 어느 쪽을 좋아하세요?) ―의문대명사

  Which book do you prefer, this or that?

  (이것과 저것, 어느 책을 좋아하세요?) ―의문형용사 : 뒤에 오는 명사 book을 수식

■ PATTERN **DRILL 1**

이것과 저것, 어느 쪽이 당신 우산입 니까?	**Which** is your umbrella, this one **or** that one?
지구와 달은 어느 쪽이 더 큽니까?	**Which** is larger, the earth **or** the moon?
런던과 로마 중에 어느 쪽이 더 오래 됐지?	**Which** is older, London **or** Rome?
유령의 집이랑 좀비 중 어느 쪽이 더 무서워?	**Which** was scarier, the haunted house **or** zombies?
사자와 호랑이, 어느 쪽이 더 빨리 달리지?	**Which** runs faster, a lion **or** a tiger?

■ PATTERN **DRILL 2**

빛과 소리, 어느 쪽이 빠르지?	**Which** travels faster, light **or** sound?
여름과 겨울, 어느 쪽이 더 좋아?	**Which** do you like better, summer **or** winter?
클래식 음악과 대중음악, 어느 쪽을 좋아하세요?	**Which** do you prefer, classical music **or** popular music?
물리학과 수학 중 어느 쪽이 더 어렵습니까?	**Which** do you find more difficult, physics **or** mathematics?

※ **선택의문문의 대답**

선택의문문은 **A or B** 구문으로, 두 가지 (이상) 중에서 하나를 선택하는 의문문이므로 **yes**나 **no**로 대답할 수 없습니다.

A : **Do you go to school on foot or by bus**? (당신은 학교에 걸어갑니까? 아니면 버스로 갑니까?)

B : **I go on foot**. (걸어서 갑니다.)

■ ACTUAL **CONVERSATION**

A 빨강과 파랑, 어느 것이 네가 좋아하는 색깔이야?	Which is your favorite color, red or blue?
B Blue.	파랑.
A 미디엄과 라지, 어느 것이 네 사이즈야?	Which is your size, medium or large?
B Why do you ask me that?	왜 그걸 물어봐?

who를 이용한 질문	누가 ~합니까[입니까]?	*Who ~?*

Who is that man**?**
저 남자는 **누구입니까**?

CHECK **POINT**

- 의문사 **who**는 사람을 물어볼 때 씁니다. **who**는 대명사로 쓰여 의문대명사라고 불리며, 문장에서 '주어, 보어, 목적어' 역할을 합니다. 뒤에 바로 일반동사를 씁니다.

- **who**는 '주격'의 **who**(누가?), '소유격'의 **whose**(누구?), '목적격'의 **whom**(누구(를)?)이 있습니다.

  ① **주격** : **Who uses this car?** (누가 이 차를 사용합니까?)

  ② **소유격** : **Whose car is this?** (이것은 누구의 차입니까?)

  ③ **목적격** : **Who(m) did you meet?**

      (당신은 누구를 만났습니까?)

■ PATTERN **DRILL 1**

누가 그렇게 말했습니까?	**Who** said so?
누가 이 그림을 그렸습니까?	**Who** painted this picture?
누가 꽃병을 깼습니까?	**Who** broke the flower vase?
누구세요? (전화상에서)	**Who** is calling[this / that], please? 1
누구세요? (방문자 확인시)	**Who** is it[that]? 2

누구한테 온 전화였어요?	**Who** was that on the phone?
저기 서 있는 소녀는 누구입니까?	**Who** is the girl standing over there?
당신이 좋아하는 배우는 누구입니까?	**Who** is your favorite actor?
그녀는 누구와 닮았습니까?	**Who** is she like?

1   전화를 받아서 상대방에게 '누구세요?'라고 묻는 표현입니다. 주로 **this**는 미국에서, **that**은 영국에서 사용합니다. **Who is speaking, please?** 또는 **Who am I speaking to, please?**도 같은 의미입니다.

2   누가 방문했을 때 누구냐고 묻는 표현입니다. 대답은 **It's me.**(접니다.) 등으로 합니다. **Who are you?**는 '넌 누구야?'라는 식의 직접적이고 실례가 되는 표현이므로 거의 사용하지 않습니다.

■ ACTUAL **CONVERSATION**

A I like reading mystery books.	나는 추리소설 읽는 걸 좋아해.
B 좋아하는 작가가 누구야?	Who is your favorite writer?
A Agatha Christie. I have read many of her books.	아가사 크리스티야. 그녀의 책을 많이 읽었어.
B I like her, too.	나도 좋아해.

read는 과거분사가 동사의 현재형과 형태가 같지만 발음이 다른 것에 주의.

Speaking Training

66~70

다음 문장을 영어로
크게 말해보세요!

66 What time ~?

☐ 런던은 지금 몇 시입니까?

☐ 다음 열차는 몇 시입니까?

☐ 몇 시에 귀가합니까?

☐ 몇 시에 일어납니까?

☐ 몇 시에 엽니까?

☐ 그건 몇 시부터 시작합니까?

☐ 몇 시에 떠납니까?

☐ 몇 시에 만날까요?

☐ 서울에는 몇 시에 도착합니까?

67 Which ~?

☐ 어느 쪽이 좋으세요?

☐ 어느 쪽이 옳아요?

☐ 어느 것이 당신 우산이에요?

☐ 가장 싼 것은 어느 것입니까?

☐ 어느 것이 좋으세요?

☐ 그들 중 누가 당신 선생님이에요?

☐ 그들 중 누가 노래를 잘해요?

☐ 이것들 중에서 어느 것이 좋으세요?

☐ 두 권 중에서 어느 쪽이 좋아요?

68 Which ~?

☐ 어느 쪽?

☐ 어느 소년이 나이가 더 많아요?

☐ 어느 소녀가 1등을 했어요?

☐ 어느 길이 역으로 가는 방향입니까?

☐ 어느 기차가 먼저 출발합니까?

☐ 당신은 어느 쪽을 좋아합니까?

☐ 당신은 어느 레스토랑을 추천하십니까?

☐ 캠브리지에 가려면 어느 버스를 타야 합니까?

☐ 어느 부서에서 일하십니까?

69 Which ~, A or B?

☐ 이것과 저것, 어느 쪽이 당신 우산입니까?

☐ 지구와 달은 어느 쪽이 더 큽니까?

☐ 런던과 로마 중에 어느 쪽이 더 오래됐지?

☐ 유령의 집이랑 좀비 중 어느 쪽이 더 무서워?

☐ 사자와 호랑이, 어느 쪽이 더 빨리 달리지?

☐ 빛과 소리, 어느 쪽이 빠르지?

☐ 여름과 겨울, 어느 쪽이 더 좋아?

☐ 클래식 음악과 대중음악, 어느 쪽을 좋아하세요?

☐ 물리학과 수학 중 어느 쪽이 더 어렵습니까?

70 Who ~?

☐ 누가 그렇게 말했습니까?

☐ 누가 이 그림을 그렸습니까?

☐ 누가 꽃병을 깼습니까?

☐ 누구세요?(전화상에서)

☐ 누구세요?(방문자 확인시)

☐ 누구한테 온 전화였어요?

☐ 저기 서 있는 소녀는 누구입니까?

☐ 당신이 좋아하는 배우는 누구입니까?

☐ 그녀는 누구와 닮았습니까?

Which ~?

What time ~?

Which ~, A or B?

Who ~?

---

66 런던은 지금 몇 시입니까?

다음 열차는 몇 시입니까?

몇 시에 귀가합니까?

몇 시에 일어납니까?

몇 시에 엽니까[닫습니까]?

그건 몇 시부터 시작합니까?

몇 시에 떠납니까?

몇 시에 만날까요?

서울에는 몇 시에 도착합니까?

---

67 어느 쪽이 좋으세요?

어느 쪽이 옳아요?

어느 것이 당신 우산이에요?

가장 싼 것은 어느 것입니까?

어느 것이 좋으세요?

그들 중 누가 당신 선생님이에요?

그들 중 누가 노래를 잘해요?

이것들 중에서 어느 것이 좋으세요?

두 권 중에서 어느 쪽이 좋아요?

68 어느 쪽?

어느 소년이 나이가 더 많아요?

어느 소녀가 1등을 했어요?

어느 길이 역으로 가는 방향입니까?

어느 기차가 먼저 출발합니까?

당신은 어느 쪽을 좋아합니까?

당신은 어느 레스토랑을 추천하십니까?

캠브리지에 가려면 어느 버스를 타야 합니까?

어느 부서에서 일하십니까?

69   이것과 저것, 어느 쪽이 당신 우산입니까?

지구와 달은 어느 쪽이 더 큽니까?

런던과 로마 중에 어느 쪽이 더 오래됐지?

유령의 집이랑 좀비 중 어느 쪽이 더 무서워?

사자와 호랑이, 어느 쪽이 더 빨리 달리지?

빛과 소리, 어느 쪽이 빠르지?

여름과 겨울, 어느 쪽이 더 좋아?

클래식 음악과 대중음악, 어느 쪽을 좋아하세요?

물리학과 수학 중 어느 쪽이 더 어렵습니까?

70   누가 그렇게 말했습니까?

누가 이 그림을 그렸습니까?

누가 꽃병을 깼습니까?

누구세요?

누구세요?

누구한테 온 전화였어요?

저기 서 있는 소녀는 누구입니까?

당신이 좋아하는 배우는 누구입니까?

그녀는 누구와 닮았습니까?

A 몇 시에 뉴욕에 도착해요?

B 오후 2시 쯤이요.
About 2 p.m.

A 여자들은 반지와 목걸이 중 어느 것을 좋아해?

B 목걸이가 좋을 거 같은데.
I think necklaces are better.

A 밥과 빵 중 어느 것이 더 좋아?

B 밥이 더 좋아.
I prefer rice.

A 빨강과 파랑, 어느 것이 네가 좋아하는 색깔이야?

B 파랑.
Blue.

A 나는 추리소설 읽는 걸 좋아해.
I like reading mystery books.

B 좋아하는 작가가 누구야?

whose와 whom을 이용한 질문	누구의 ~입니까? / 누구를 ~합니까[입니까]?	*Whose ~? / Whom~?*

Whom <u>do you like best</u>?

누구를 가장 좋아**합니까**?

CHECK **POINT**

- whom은 who의 '목적격'으로, '누구에게 / 누구를'이
  란 뜻입니다. 보통 회화에서 '동사의 목적어'나 '전치
  사의 목적어'인 경우 whom 대신 who를 씁니다.
  ① (동사)의 목적어 : **Who(m) do you want to see**?
  (누구를 만나고 싶습니까?)
  ② (전치사)의 목적어 : **Who(m) are you waiting for**?
  (누구를 기다리고 있습니까?)
- whose는 who의 '소유격'으로 '누구의 것?'이냐고 물
  어볼 때 사용합니다. whose는 '의문형용사(뒤에 오는
  명사를 수식)'나 단독으로 '의문대명사'로 쓰입니다.
  ① 의문형용사 : **whose + 명사**(누구의 것)
  Whose umbrella is this? (이것은 누구의 우산입니까?)
  ② 의문대명사 : **whose**(누구 것)
  Whose is this umbrella? (이 우산은 누구 것입니까?)

■ PATTERN **DRILL 1**

이 자전거는 누구 것입니까?	**Whose** is this bicycle?
이것은 누구의 코트입니까?	**Whose** coat is this?
그것은 누구의 아이디어입니까?	**Whose** idea is it?
그것은 누구 탓입니까?	**Whose** fault is that?
어제 누구를 방문했습니까?	**Who(m)** did you visit yesterday?

누구를 찾고 계세요?	**Who(m)** are you looking for?
누구에게 거셨습니까?	**Who(m)** would you like to speak to? 1
이것은 누구의 것입니까?	**Who(m)** does this belong to? 2
제인과 수잔 중에, 누구를 더 좋아하세요?	**Who(m)** do you like better, Jane or Susan?

1 전화통화에서 쓰는 표현입니다.

2 직역하면 '이것은 누구에게 속하는 것입니까?'라는 뜻으로, 즉 '이것은 누구 것입니까?'라는 의미가 됩니다. 같은 의미로 **Whose is this**?라고 말할 수 있습니다.

■ ACTUAL **CONVERSATION**

A	이 공책 누구 거니?	Whose is this notebook?
B	It's Peter's.	피터 거예요.
A	Where is he?	걔는 어디 있는데?
B	He already went home.	벌써 집에 갔는데요.

이름's는 소유를 나타냄. 대화 중에서 뒤의 명사를 생략할 수 있음.

시간과 날짜에 대해 질문하기	언제 ~합니까[입니까]?	*When ~?*

When do you play tennis**?**

당신은 **언제** 테니스를 **합니까**?

CHECK **POINT**

- **when**은 '때'를 묻는 의문사로, 문장에서 부사 역할을 하므로 의문부사라고도 합니다.

■ PATTERN **DRILL 1**

우리 언제 출발합니까?	**When** do we start?
언제 당신을 방문할 수 있습니까?	**When** can I visit you?
가게는 언제 문을 엽니까[닫습니까]?	**When** does the shop open[close]?
그들은 언제 결혼했습니까?	**When** did they get married?
당신은 언제 돌아옵니까?	**When** will you be back?

■ PATTERN **DRILL 2**

언제 시간이 있습니까?	**When** are you free?
언제가 괜찮으시겠어요?	**When** will it be convenient for you?
출발 시간은 언제입니까?	**When** is the departure time?
옥스퍼드로 가는 다음 기차는 언제 있습니까?	**When** is the next train for Oxford? ₁

1 **train**은 열차, 지하철, 전철 등을 포함하는 개념입니다. 지하철은 미국에서 **subway**, 영국에서 **underground**라고 합니다.

※ 의문부사

① **when**(언제?) : 때

② **where**(어디에(서)?) : 장소

③ **why**(왜?) : 이유

④ **how**(어떻게?, 어느 정도?, 어떤 상태로?, 왜?) : 방법, 정도, 상태, 이유 등

■ ACTUAL **CONVERSATION**

A	I will visit my hometown this weekend.	이번 주말에 고향에 갈 거야.
B	마지막으로 부모님 뵌 게 언제야?	When was the last time you saw your parents?
A	Six months ago.	6개월 전이야.
B	Your parents will be happy to see you.	부모님이 널 만나면 행복하시겠구나.

| 장소에 대해 묻기 | 어디에(서) ~합니까[입니까]? /
은/는 어디입니까? | **Where ~?** |

Where do you live?

당신은 **어디에** 삽**니까**?

CHECK **POINT**

• **where**는 '어디서?, 어디에?, 어디로?'라고 '장소'를 물어보는 의문사입니다. 문장 속에서 부사 역할을 하여 '의문부사'라고도 합니다. **where**가 전치사의 목적어로 쓰일 때는 '의문대명사'입니다.

■ PATTERN **DRILL 1**

어디에서 택시를 탈 수 있습니까?	**Where** can I get a taxi?
어디에서 표를 살 수 있습니까?	**Where** can I buy tickets?
어디에 서명하면 됩니까?	**Where** should I sign?
지난주에 어디에 갔었어요?	**Where** did you go last weekend?
출신지는 어디입니까?	**Where** are you from? 1

입구[출구]는 어디입니까?	**Where** is the entrance[exit]?
화장실은 어디입니까?	**Where** is the rest room?
가장 가까운 버스 정류장은 어디입니까?	**Where** is the nearest bus stop?
여기가 어디예요? / 우리[나]는 어디에 있는 거예요?	**Where** are we[am I]? ₂

1   이 문장은 직역하면 '당신은 어디서 오셨습니까?'가 되지만, 보통 '출신지'를 묻는 표현으로 쓰입니다. 때로는 출신지뿐만 아니라 '현재 살고 있는 장소'를 물어볼 때도 쓸 수 있습니다. 같은 의미로 **Where do you come from**?도 자주 사용됩니다.

2   '현재 있는 곳이 어디입니까?'라고 상대에게 지도에서 지금 있는 곳을 짚어달라고 부탁할 때도 사용할 수 있습니다.

■ ACTUAL **CONVERSATION**

A 벚꽃을 즐기기에 가장 좋은 곳은 어디예요?

Where is the best place to enjoy the cherry blossoms?

B Yun-jung-ro is probably the best place in Seoul.

윤중로가 아마 서울에서 최고의 장소일 거예요.

A How can I get there?

어떻게 가요?

B Take subway line 5 and get off at Yeouido station.

지하철 5호선을 타고 여의도 역에서 내리세요.

이유에 대해 질문하기	왜 ~합니까[입니까]?	**Why ~?**

Why did you go there**?**

당신은 **왜** 거기에 갔**습니까**?

CHECK **POINT**

- **why**는 '왜?'라고 이유를 묻는 의문사로, 문장에서 부사 역할을 하여 '의문부사'라고도 합니다.

■ PATTERN **DRILL 1**

왜 그렇게 생각하세요?	**Why** do you think so?
당신은 왜 그를 신용합니까?	**Why** do you trust him?
왜 그런 일을 하셨어요?	**Why** did you do that?
왜 담배를 끊었습니까?	**Why** did you give up smoking?
그녀는 왜 일찍 귀가했습니까?	**Why** did she come home early?

■ PATTERN **DRILL 2**

왜 파티에 오지 않았습니까?	**Why** didn't you come to the party?
왜 울고 계세요?	**Why** are you crying?
왜 그렇게 바쁘세요?	**Why** are you so busy?
왜 지각했어요?	**Why** were you late?

※ **why** 의문문의 대답

why 의문문의 대답은 보통 **because**나 **to**를 써서 대답합니다.

① **Because** ~ : (왜냐하면) ~때문입니다 (이유)

   A : Why were you late for school? (당신은 왜 학교에 늦었습니까?)

   B : Because I missed the bus. (버스를 놓쳤기 때문입니다.)

② **To** ~ : ~하기 위해서입니다 / ~하려고요 (목적)

   A : Why did you go to the store? (당신은 왜 그 가게에 갔습니까?)

   B : To buy some milk. (우유를 사기 위해서입니다(사려고요).)

■ ACTUAL **CONVERSATION**

A 왜 울고 있니?	Why are you crying?
B I lost my mother.	엄마를 잃어버렸어요.
A I'll help you find your mother.	내가 엄마 찾는 걸 도와줄게.
B Thank you.	고맙습니다.

| 권유하기 ① | ~하는 게 어때요? | *Why don't you* + 동사원형*?* |

Why don't you <u>try again</u>?
다시 한 번 시도해 보**는 게 어때요**?

CHECK **POINT**

- 친한 사이에 상대방에게 뭔가 해 볼 것을 가볍게 '제안, 권고'하는 표현입니다. 때로는 '왜 ~하지 않습니까?'라고 물어보는 뜻이 될 수도 있으므로 문맥상으로 판단합니다.

  Why don't you ring her up now?
  ① **제안** : 그녀에게 지금 전화해 보는 게 어때요?
  ② **의문** : 왜 지금 그녀에게 전화하지 않아요?
  이 문장은 **Why not + 동사원형**?'으로 간단하게 표현할 수 있습니다.

■ PATTERN **DRILL 1**

좀 앉으세요.	**Why don't you** sit down?
좀 쉬는 게 어때요?	**Why don't you** take a rest?
약을 먹는 게 어때요?	**Why don't you** take some medicine?
의사한테 진찰을 받아보는 게 어때요?	**Why don't you** see a doctor?
입어 보지 않겠어요? / 입어 봐요.	**Why don't you** try it on?

그에게 다시 한 번 확인하는 게 어때요?	**Why don't you** check again with him?
어머니 일을 도와주는 게 어때요?	**Why don't you** help your mother with her work?
저희와 테니스 치지 않을래요?	**Why don't you** play tennis with us?
다음 주 일요일에 우리 집에 놀러 오지 않을래?	**Why don't you** come and see me next Sunday?

※ **Why don't we ~?**

you 대신 **we**를 사용한 **Why don't we** ~?라고 하면 '(같이) ~하지 않을래요? / ~하지 않겠어요? / ~합시다(= Shall we ~? PATTERN 50)'라는 뜻이 됩니다.

Why don't we meet again? (다음에 또 만납시다.)

Why don't we go shopping? (쇼핑하러 갑시다.)

■ ACTUAL **CONVERSATION**

A	You look so tired.	피곤해 보이는데.
B	I caught a cold.	감기에 걸렸어.
A	좀 쉬는 게 어때?	Why don't you take a rest?
B	I can't. I have to finish this today.	그럴 수 없어. 오늘 이걸 마쳐야 하거든.

catch a cold '감기에 걸리다', **catch** 대신 **have**나 **take**를 쓸 수도 있음.

Speaking Training

71~75

다음 문장을 영어로
크게 말해보세요!

71 Whose ~? / Whom~?

☐ 이 자전거는 누구 것입니까?

☐ 이것은 누구의 코트입니까?

☐ 그것은 누구의 아이디어입니까?

☐ 어제 누구를 방문했습니까?

☐ 누구를 찾고 계세요?

☐ 누구에게 거셨습니까?

☐ 이것은 누구의 것입니까?

☐ 제인과 수잔 중에, 누구를 더 좋아하세요?

72 When ~?

☐ 우리 언제 출발합니까?

☐ 언제 당신을 방문할 수 있습니까?

☐ 가게는 언제 문을 엽니까?

☐ 그들은 언제 결혼했습니까?

☐ 당신은 언제 돌아옵니까?

☐ 언제 시간이 있습니까?

☐ 언제가 괜찮으시겠어요?

☐ 출발 시간은 언제입니까?

☐ 옥스퍼드로 가는 다음 기차는 언제 있습니까?

73 Where ~?

☐ 어디에서 택시를 탈 수 있습니까?

☐ 어디에서 표를 살 수 있습니까?

☐ 어디에 서명하면 됩니까?

☐ 지난주에 어디에 갔었어요?

☐ 출신지는 어디입니까?

- [ ] 입구는 어디입니까?
- [ ] 화장실은 어디입니까?
- [ ] 가장 가까운 버스 정류장은 어디입니까?
- [ ] 여기가 어디예요? / 우리는 어디에 있는 거예요?

74 Why ~?

- [ ] 왜 그렇게 생각하세요?
- [ ] 당신은 왜 그를 신용합니까?
- [ ] 왜 그런 일을 하셨어요?
- [ ] 왜 담배를 끊었습니까?
- [ ] 그녀는 왜 일찍 귀가했습니까?

- [ ] 왜 파티에 오지 않았습니까?
- [ ] 왜 울고 계세요?
- [ ] 왜 그렇게 바쁘세요?
- [ ] 왜 지각했어요?

75 Why don't you + 동사원형?

- [ ] 좀 앉으세요.
- [ ] 좀 쉬는 게 어때요?
- [ ] 약을 먹는 게 어때요?
- [ ] 의사한테 진찰을 받아보는 게 어때요?
- [ ] 입어 보지 않겠어요? / 입어 봐요.

- [ ] 그에게 다시 한 번 확인하는 게 어때요?
- [ ] 어머니 일을 도와주는 게 어때요?
- [ ] 저희와 테니스 치지 않을래요?
- [ ] 다음 주 일요일에 우리 집에 놀러 오지 않을래?

Whose ~? / Whom ~?

When ~?

Why *don't* you + 동사원형?

Where ~?

Why ~?

71 이 자전거는 누구 것입니까?

이것은 누구의 코트입니까?

그것은 누구의 아이디어입니까?

그것은 누구 탓입니까?

어제 누구를 방문했습니까?

누구를 찾고 계세요?

누구에게 거셨습니까?

이것은 누구의 것입니까?

제인과 수잔 중에, 누구를 더 좋아하세요?

72 우리 언제 출발합니까?

언제 당신을 방문할 수 있습니까?

가게는 언제 문을 엽니까[닫습니까]?

그들은 언제 결혼했습니까?

당신은 언제 돌아옵니까?

언제 시간이 있습니까?

언제가 괜찮으시겠어요?

출발 시간은 언제입니까?

옥스퍼드로 가는 다음 기차는 언제 있습니까?

73 어디에서 택시를 탈 수 있습니까?

어디에서 표를 살 수 있습니까?

어디에 서명하면 됩니까?

지난주에 어디에 갔었어요?

출신지는 어디입니까?

입구[출구]는 어디입니까?

화장실은 어디입니까?

가장 가까운 버스 정류장은 어디입니까?

여기가 어디예요? / 우리[나]는 어디에 있는 거예요?

74 왜 그렇게 생각하세요?

당신은 왜 그를 신용합니까?

왜 그런 일을 하셨어요?

왜 담배를 끊었습니까?

그녀는 왜 일찍 귀가했습니까?

왜 파티에 오지 않았습니까?

왜 울고 계세요?

왜 그렇게 바쁘세요?

왜 지각했어요?

75 좀 앉으세요.

좀 쉬는 게 어때요?

약을 먹는 게 어때요?

의사한테 진찰을 받아보는 게 어때요?

입어 보지 않겠어요? / 입어 봐요.

그에게 다시 한 번 확인하는 게 어때요?

어머니 일을 도와주는 게 어때요?

저희와 테니스 치지 않을래요?

다음 주 일요일에 우리 집에 놀러 오지 않을래?

A 이 공책 누구 거니?

B 피터 거예요.
It's Peter's.

A 마지막으로 부모님 뵌 게 언제야?

B 6개월 전이야.
Six months ago.

A 벚꽃을 즐기기에 가장 좋은 곳은 어디예요?

B 윤중로가 아마 서울에서 최고의 장소일 거예요.
Yun-jung-ro is probably the best place in Seoul.

A 왜 울고 있니?

B 엄마를 잃어버렸어요.
I lost my mother.

A 좀 쉬는 게 어때?

B 그럴 수 없어. 오늘 이걸 마쳐야 하거든.
I can't I have to finish this today.

권유하기 ②	~하는 게 어때요? / ~하지 않겠어요? / ~해 봐요	***Why not ~?***

Why not go for a walk**?**

산책 가**는 거 어때요**?

CHECK **POINT**

- 상대방에게 가볍게 '제안, 권유, 권고'하는 표현입니다. **Why don't you ~?**(PATTERN 75)도 **Why not ~?**과 같은 의미로 사용할 수 있습니다.

  Why not try again? (다시 한 번 해 봐요.)

  = **Why don't you try again**?

■ PATTERN **DRILL 1**

피크닉 가는 거 어때요?	**Why not** go on a picnic?
부산에 가는 거 어때요?	**Why not** go to Busan? 1
즉시 가는 게 어때요?	**Why not** go at once?
자동차를 빌리는 게 어때요?	**Why not** rent a car?
그녀에게 책을 빌리는 게 어때요?	**Why not** borrow the book from her?

그 회의에 참석하는 게 어때요?	**Why not** attend the meeting?
나와 같이 파티에 가지 않을래요?	**Why not** come to the party with me?
저기 경찰관에게 물어보는 게 어때요?	**Why not** ask the policeman over there?
다시 한 번 해 봐요.	**Why not** try again?

1   지명(고유명사) 앞에는 관사를 쓰지 않습니다.

※ **Why not?**(뒤에 동사가 오지 않는) 특별 용법
① '왜 ~하지 않죠?'라는 질문에 대하여 반어적으로 '물론 / 기꺼이(= **Sure.**)'라는 의미
　로 상대방이 한 말을 '찬성, 동의, 승낙, 허가' 등을 나타냅니다.
　A : Another drink? (한 잔 더 할래?)
　B : Why not? (물론. / 한 잔 더 하겠습니다.)
② 상대방의 '부정적인 말'을 듣고 '왜 ~하지 않습니까?'라고 '이유'를 물어볼 때 씁니다.
　A : I don't like him. (저는 그를 좋아하지 않아요.)
　B : Why not? (왜요? /왜 좋아하지 않아요?)

■ ACTUAL **CONVERSATION**

A	The weather is terrible.	날씨가 고약한데.
B	That's because A typhoon is approaching.	태풍이 오고 있기 때문이야.
A	I heard the subway isn't running.	지하철도 안 다닌다는데.
B	오늘 일찍 마치는 게 어때?	Why not finish early today?

How를 이용한 질문 ①	…은/는 얼마나 ~합니까?	*How ~?*

How long is this bridge?

이 다리는 **어느 정도로** 깁**니까**?

CHECK **POINT**

- **how**는 뒤에 형용사, 부사를 동반하여 '정도'를 물어볼 때 씁니다. '**How** + **형용사/부사** + **동사** + **주어** ~?' 형식으로, '(주어)는 얼마나 (형용사/부사)한 (동사)합니까?'라는 의미입니다.

  크기·넓이 : **how large**(얼마나 큰 / 넓은)

  폭 : **how wide**(얼마나 폭이 넓은)

  높이 : **how high**(얼마나 높은)

  깊이 : **how deep**(얼마나 깊은)

  길이(거리·시간·기간) : **how long**(얼마나 긴)

  거리 : **how far**(얼마나 먼)

  키 : **how tall**(얼마나 키가 큰)

  빈도 : **how often**(얼마나 자주)

  나이·햇수 : **how old** (나이 / 얼마나 오래된)

■ PATTERN **DRILL 1**

이 방의 넓이는 얼마나 됩니까?	**How** large is this room?
저 길은 폭이[너비가] 어느 정도입니까?	**How** wide is that road?
저 산은 얼마나 높습니까?	**How** high is that mountain?
이 호수는 얼마나 깊습니까?	**How** deep is this lake?
여기서 역까지는 시간이 얼마나 걸립니까?	**How** long does it take from here to the station?

여기서 공항까지는 얼마나 멉니까?	**How** far is it from here to the airport?
그는 키가 얼마나 큽니까?	**How** tall is he?
한 달에 얼마나 자주 외식을 합니까?	**How** often do you eat out a month?
당신은 몇 살입니까?	**How** old are you?

1 'How long does[will] it take from A to B? (A(지점)에서 B(지점)까지 (시간이) 얼마나 걸립니까?)
는 '소요 시간'을 묻는 표현입니다.(PATTERN 35)

※ **how + 형용사/부사**
무게 : **how heavy** 얼마나 무거운
속도 : **how fast** 얼마나 빠른
수 : **how many** 몇 개
양·정도·가치·가격 : **how much** 어느 정도 / 얼마나 (PATTERN 82)
두께 : **how thick** 얼마나 두꺼운

■ ACTUAL **CONVERSATION**

A Let's meet at the Central Restaurant 내일 센트럴 식당에서 만나요.
tomorrow.

B 여기에서 거기까지 얼마나 걸려요? How long does it take from here
to there?

A It takes 10 minutes by taxi. 택시 타고 10분 걸려요.

B If I take the bus, how long? 버스를 타면, 얼마나?

'take + 시간' (시간이) 걸리다

263

| **How**를 이용한 질문 ② | 어떻게 ~합니까? | *How do you ~?* |

How do you go to work?

직장에는 **어떻게** 갑**니까**?

CHECK **POINT**

- **how**는 '어떻게? / 어느 정도? / 어떤 상태로? / 어째서?'라는 뜻으로, '방법, 정도, 상태, 이유' 등을 물어보는 의문사입니다. 문장에서 부사 역할을 하여 '의문부사'라고도 합니다. 뒤에 동사원형을 씁니다.
- **How do you** ~? 구문은 '당신은 어떻게 ~합니까?'라고 상대방에게 어떻게 ~하는가를 묻는 말이지만, **you**(당신)에게만 한정된 것이 아니라 일반적으로 방법을 물어볼 때 사용할 수 있습니다.

■ PATTERN **DRILL 1**

거기에는 어떻게 갑니까?	**How do you** go there?
여기에 어떻게 왔어요?	**How did you** come here?
이 기계는 전원을 어떻게 켭니까?	**How do you** switch on this machine?
당신 이름의 철자는 어떻게 됩니까?	**How do you** spell your name?
이 단어를 어떻게 발음합니까?	**How do you** pronounce this word?

■ PATTERN **DRILL 2**

영어 공부를 어떻게 했습니까?	**How did you** study English?
표를 어떻게 구했습니까?	**How did you** get the ticket?
문제를 어떻게 풀었습니까?	**How did you** solve the problem?
어떻게 알았습니까?	**How do you** know? ₁

1   **how**는 '어떻게? / 왜?(=why)'라고 '이유'를 물어볼 수도 있습니다.

■ ACTUAL **CONVERSATION**

A 이거 어떻게 했어?	How did you make it?
It looks very difficult.	어려운 거 같은데.
B It's simple. I'll show you.	간단해. 보여 줄게.
A Um... wait. I don't understand this.	음... 잠깐. 이거 이해 안 되는데.
B Let me see. Uh-oh, I did it wrong.	어디 보자. 어, 내가 잘못 했네.

| 상대방의 의견에 대해 질문하기 | ~은/는 어떻습니까? | *How do you like ~?* |

How did you like <u>this novel</u>?

이 소설**은 어땠어요**?

CHECK **POINT**

- 뒤에 명사를 써서 사물에 대한 '의견, 기호, 취향'에 대해 물어볼 때 쓰는 표현입니다. 이 구문은 직역하면 '~을/를 어느 정도로 좋아하세요?'라는 말로, 즉 '~을/를 어떻게 생각하세요?'라는 뜻입니다.

- 대답은 **I love it.**(아주 마음에 듭니다.) / **It's great.**(아주 좋습니다.) / **I think it's fine.**(좋다고 생각합니다.) 등이 있습니다.

■ PATTERN **DRILL 1**

서울은 어떻습니까?	**How do you like** Seoul?
학교는 어떻습니까?	**How do you like** school?
이 레스토랑은 마음에 드십니까?	**How do you like** this restaurant?
내 새 옷 어때요?	**How do you like** my new dress?
영화 어땠어요?	**How do you like** that movie?

■ PATTERN **DRILL 2**

내 계획 어떻게 생각해?	**How do you like** my plan?
그의 의견을 어떻게 생각하셨어요?	**How did you like** his opinion?
커피는 어떻게 드시겠어요?	**How do you like** your coffee? 1
새 집은 (살아보니) 어떻습니까?	**How do you like** your new house?

1   크림과 설탕을 어떻게 넣을지 물어볼 때 쓰는 표현입니다. 다음과 같이 답할 수 있습니다.
   Black will be fine. (블랙으로 주세요.)
   Just cream[sugar], please. (크림[설탕]만 넣어 주세요.)
   With cream and sugar, please. (크림과 설탕을 넣어 주세요.)

■ ACTUAL **CONVERSATION**

A	연극 어땠어요?	How did you like that play?
B	It was a bit depressing.	좀 우울했어요.
A	Would you recommend it to someone?	다른 사람에게 추천할 건가요?
B	Um... no, I don't think so.	음, 아니요, 그러진 않을 거 같아요.

play '연극'

수단이나 방법 질문하기	어떻게 ~하면 될까요?	*How do[can] I ~?*

How can I <u>get to the station</u>?

역에는 **어떻게** 가면 **됩니까**?

CHECK **POINT**

- '방법'에 대해 묻는 표현으로 뒤에 동사원형을 씁니다. I를 사용하지만, 자신이 해야 할 방법뿐 아니라 일반적으로 그것을 하려면 '어떻게 해야 하는지'에 대해 물어볼 때도 쓸 수 있습니다.

  How can I get there? (거기에는 어떻게 갑니까?)

  → 내가 거기에 가는 방법만이 아니라 구체적으로 거기에 가는 방법(길이나 교통수단)을 묻고 있습니다.

■ PATTERN **DRILL 1**

거기에는 어떻게 갑니까?	**How do I** get there?
이 서류는 어떻게 기입하면 됩니까?	**How do I** fill out this form?
요금은 어떻게 내면 됩니까?	**How do I** pay the fare?
이 약은 어떻게 복용하면 됩니까?	**How do I** take this medicine?
이 상자는 어떻게 엽니까?	**How can I** open this box?

엔진을 어떻게 켭니까?	**How can I start the engine?**
이것은 어떻게 먹습니까? / 이것은 어떻게 먹으면 됩니까?	**How can I eat this?**
어떻게 하면 빨리 달릴 수 있어요?	**How can I run fast?**
어떻게 그녀를 설득할 수 있을까요?	**How can I persuade her?** 1

1 그녀를 설득할 수 없다는 의미를 담고 있는 문장입니다. '**I can never persuade her.**' 라고도 할 수 있습니다. 이와 같은 형태는 의문문이라도 내용이 부정문과 동등하고 자기 생각을 반어적 의문형으로 표현한 것으로, '**how + can~?**' 형태에는 반어적 표현이 많습니다.

How can I leave her? (= I can never leave her.)
(어떻게 그녀를 두고 갈 수 있어? (난 못 가))

※ **길 안내와 관련된 표현**
Go straight along this street. (이 길을 따라 똑바로 가세요.)
Turn right[left] at the next corner. (다음 모퉁이에서 오른쪽[왼쪽]으로 도세요.)
Turn to the right[left] at the next intersection. (다음 교차로에서 오른쪽[왼쪽]으로 도세요.)
It's at the end of this street. (이 길 끝에 있습니다.)
It's the second building from the corner. (그 모퉁이에서 두 번째 빌딩입니다.)
I'm afraid I don't know this area well. (미안하지만, 이 근처를 잘 모릅니다.)

■ ACTUAL **CONVERSATION**

A Will you take the new project?   새 프로젝트를 할 거야?
B I have too much work to do.   할 일이 너무 많아.
A I know. You already have three projects.   알아. 넌 이미 프로젝트를 세 개나 하고 있잖아.
B 내가 어떻게 새로운 걸 시작할 수 있겠어?   How can I start a new one?

마지막 문장은 반어적 표현으로 너무 일이 많아서 새로운 프로젝트를 할 수 없다는 의미.

Speaking Training

76~80

다음 문장을 영어로
크게 말해보세요!

76 Why not ~?

☐ 피크닉 가는 거 어때요?

☐ 부산에 가는 거 어때요?

☐ 즉시 가는 게 어때요?

☐ 자동차를 빌리는 게 어때요?

☐ 그녀에게 책을 빌리는 게 어때요?

☐ 그 회의에 참석하는 게 어때요?

☐ 나와 같이 파티에 가지 않을래요?

☐ 저기 경찰관에게 물어보는 게 어때요?

☐ 다시 한 번 해 봐요.

77 How ~?

☐ 이 방의 넓이는 얼마나 됩니까?

☐ 저 길은 폭이 어느 정도입니까?

☐ 저 산은 얼마나 높습니까?

☐ 이 호수는 얼마나 깊습니까?

☐ 여기서 역까지는 시간이 얼마나 걸립니까?

☐ 여기서 공항까지는 얼마나 멉니까?

☐ 그는 키가 얼마나 큽니까?

☐ 한 달에 얼마나 자주 외식을 합니까?

☐ 당신은 몇 살입니까?

78 How do you ~?

☐ 거기에는 어떻게 갑니까?

☐ 여기에 어떻게 왔어요?

☐ 이 기계는 전원을 어떻게 켭니까?

☐ 당신 이름의 철자는 어떻게 됩니까?

☐ 이 단어를 어떻게 발음합니까?

☐ 영어 공부를 어떻게 했습니까?

☐ 표를 어떻게 구했습니까?

☐ 그 문제를 어떻게 풀었습니까?

☐ 어떻게 알았습니까?

79 How do you like ~?

☐ 서울은 어떻습니까?

☐ 학교는 어떻습니까?

☐ 이 레스토랑은 마음에 드십니까?

☐ 내 새 옷 어때요?

☐ 영화 어땠어요?

☐ 내 계획 어떻게 생각해?

☐ 그의 의견을 어떻게 생각하셨어요?

☐ 커피는 어떻게 드시겠어요?

☐ 새 집은 어떻습니까?

80 How do[can] I ~?

☐ 거기에는 어떻게 갑니까?

☐ 이 서류는 어떻게 기입하면 됩니까?

☐ 요금은 어떻게 내면 됩니까?

☐ 이 약은 어떻게 복용하면 됩니까?

☐ 이 상자는 어떻게 엽니까?

☐ 엔진을 어떻게 켭니까?

☐ 이것은 어떻게 먹습니까? / 이것은 어떻게
먹으면 됩니까?

☐ 어떻게 하면 빨리 달릴 수 있어요?

☐ 어떻게 그녀를 설득할 수 있을까요?

Why not ~?

How ~?

How do you like ~?

How do you ~?

How do[can] I ~?

---

76 피크닉 가는 거 어때요?

....

부산에 가는 거 어때요?

....

즉시 가는 게 어때요?

....

자동차를 빌리는 게 어때요?

....

그녀에게 책을 빌리는 게 어때요?

....

그 회의에 참석하는 게 어때요?

....

나와 같이 파티에 가지 않을래요?

....

저기 경찰관에게 물어보는 게 어때요?

....

다시 한 번 해 봐요.

....

77 이 방의 넓이는 얼마나 됩니까?

저 길은 폭이[너비가] 어느 정도입니까?

저 산은 얼마나 높습니까?

이 호수는 얼마나 깊습니까?

여기서 역까지는 시간이 얼마나 걸립니까?

여기서 공항까지는 얼마나 멉니까?

그는 키가 얼마나 큽니까?

한 달에 얼마나 자주 외식을 합니까?

당신은 몇 살입니까?

78 거기에는 어떻게 갑니까?

여기에 어떻게 왔어요?

이 기계는 전원을 어떻게 켭니까?

당신 이름의 철자는 어떻게 됩니까?

이 단어를 어떻게 발음합니까?

영어 공부를 어떻게 했습니까?

표를 어떻게 구했습니까?

그 문제를 어떻게 풀었습니까?

어떻게 알았습니까?

79 서울은 어떻습니까?

학교는 어떻습니까?

이 레스토랑은 마음에 드십니까?

내 새 옷 어때요?

영화 어땠어요?

내 계획 어떻게 생각해?

그의 의견을 어떻게 생각하셨어요?

커피는 어떻게 드시겠어요?

새 집은 (살아보니) 어떻습니까?

80 거기에는 어떻게 갑니까?

이 서류는 어떻게 기입하면 됩니까?

요금은 어떻게 내면 됩니까?

이 약은 어떻게 복용하면 됩니까?

이 상자는 어떻게 엽니까?

엔진을 어떻게 켭니까?

이것은 어떻게 먹습니까? / 이것은 어떻게 먹으면 됩니까?

어떻게 하면 빨리 달릴 수 있어요?

어떻게 그녀를 설득할 수 있을까요?

A 지하철도 안 다닌다는데.

I heard the subway isn't running.

B 오늘 일찍 마치는 게 어때?

A 내일 센트럴 식당에서 만나요.

Let's meet at the Central Restaurant tomorrow.

B 여기에서 거기까지 얼마나 걸려요?

A 이거 어떻게 했어? 어려운 거 같은데.

It looks very difficult.

B 간단해. 보여 줄게.

It's simple. I'll show you.

A 연극 어땠어요?

B 좀 우울했어요.

It was a bit depressing.

A 알아. 넌 이미 프로젝트를 세 개나 하고 있잖아.

I know. You already have three projects.

B 내가 어떻게 새로운 걸 시작할 수 있겠어?

| 상태나 의견 질문하기 | ~은/는 어때요? | *How is[was] ~?* |

How is the weather today?

오늘 날씨는 어때요?

CHECK POINT

- 사람과 사물의 '상태'나 상대방의 '감상'에 대해 물어볼 때 사용합니다. 회화에서 자주 사용하는 '**How's ~?**'는 **How is** ~?와 **How was** ~?의 축약형입니다.

■ PATTERN **DRILL 1**

존은 잘 있습니까?	**How is** John?
가족분들은 다들 잘 계십니까?	**How is** your family?
잘 돼가요?	**How is** everything? 1
사업은 어떠세요?	**How is** business?
감기는 어떠세요?	**How is** your cold?

오늘 주가는 어땠어요?	**How were** the stock prices today?
교토 여행은 어땠어요?	**How was** your trip to Kyoto?
어젯밤 연주회는 어땠어요?	**How was** the concert last night?
휴가는 어땠어요?	**How was** your vacation?

1 친한 사이에 가벼운 인사로 쓸 수 있는 표현입니다. 레스토랑에서 웨이터가 '식사는 어떠세요?'라는 의미로 손님에게 물을 때 쓰기도 합니다. **How is everything going**? / **How are things**? / **How are things going**? 등도 상황을 묻는 표현입니다.

■ ACTUAL **CONVERSATION**

A 신혼여행 어땠어요?	How was your honeymoon?
B The best! And the weather was amazing!	최고였죠, 그리고 날씨도 환상적이 었어요.
A Where did you go?	어디로 갔죠?
B We went to Spain.	스페인에 갔어요.

수량이나 가격 질문하기	…은/는 몇 개입니까? …은/는 어느 정도입니까?	**How many[much] ~?**

How many times did you see the movie?

그 영화는 몇 번 보셨습니까?

CHECK POINT

- **How many ~?**는 셀 수 있는 사물에 대해 쓰며 '**how many + 명사**' 구문에서 명사는 셀 수 있는 명사로 복수형으로 쓰는 것에 주의합니다.

- **How much ~?**는 셀 수 없는 사물에 대해 쓰며 금액에 대해 물어볼 때도 쓸 수 있습니다.

■ PATTERN DRILL 1

상자 안에 사과가 몇 개 있습니까?	How many apples are there in the box?
가족은 몇 명입니까?	How many (people) are there in your family?
책을 몇 권 가지고 있습니까?	How many books do you have?
매일 몇 시간 잡니까?	How many hours do you sleep every day?
런던에 몇 번 가 봤습니까?	How many times have you been to London? 1

그 병에 설탕이 얼마나 들어 있습니까?	**How much** sugar is there in the bottle?
체중은 얼마나 됩니까?	**How much** do you weigh? 2
교통비는 얼마입니까?	**How much** is the fare?
한 사람당 얼마입니까?	**How much** is it per person?

1 '횟수'를 물어보는 표현으로, 자주 사용되는 표현입니다. '**How many times have[has] + S + 과거분사?**'처럼 완료형으로 하면 '(지금까지) 몇 번 ~한 적 있습니까?' 라고 '경험의 횟수'를 물어보는 표현이 됩니다.

2 상대방의 체중에 대해 물어볼 때 씁니다. **weigh**는 '무게를 달다 / 무게가 ~나간다' 라는 뜻의 동사입니다. **What is your weight?**도 같은 뜻입니다.

■ ACTUAL **CONVERSATION**

A Did you finish doing your homework?	숙제 다 했니?
B Not yet, Mom.	아직이요, 엄마.
A 저녁 식사 전에 숙제 다 하라고 내가 몇 번 말했니?	How many times did I tell you to finish your homework before dinner?
B I know, I know. I'll do it after dinner.	알아요. 저녁 먹고 할게요.

| 의견을 질문하거나 권유하기 | ~은/는 어떠세요? /
~에 대해 어떻게 생각하세요? | *How about ~?* |

How about some more coffee?
커피를 조금 더 드시**겠어요**?

CHECK POINT

- '**How about + 명사?**'는 상대에게 무엇(특히 먹을 것과 마실 것)을 권할 때 사용합니다. 또 사물의 상황이나 상대방의 의견에 대해 듣고 싶을 때도 사용합니다.
  How about this new car? (이 새 차 어떻게 생각하세요?)
- '**How about + 동명사?**'는 상대방에게 무엇인가를 제안하거나 권유하는 표현입니다.

■ PATTERN **DRILL 1**

한잔 어떠세요?	**How about** a drink?
이건 어떠세요?	**How about** this one?
1시는 어떻습니까?	**How about** one o'clock?
당신은 어떠세요?	**How about** you? 1
교통 혼잡은 어떻습니까?	**How about** that traffic jam?

산책 가는 건 어떠세요?	**How about** going for a walk?
그를 방문하시는 건 어떨까요?	**How about** visiting him?
저희랑 같이 가실래요?	**How about** coming with us?
카드놀이 하지 않을래요?	**How about** playing cards?

1 '횟수'를 물어보는 표현으로, 자주 사용되는 표현입니다. '**How many times have[has]** + **S** + **과거분사?**'처럼 완료형으로 하면 '(지금까지) 몇 번 ~한 적 있습니까?'

※ **What about + 명사 / 동명사 ~?**
how 대신 what을 사용한 **What about ~?** 구문도 같은 뜻입니다. **How about ~?**과 비교하면 **what about**이 조금 더 형식적이라고 할 수 있습니다.
What about lunch? (점심은 어떠십니까? / 점심 하시겠습니까?) (명사)
What about taking a shower? (샤워를 하는 게 어떻습니까?) (동명사)

■ ACTUAL **CONVERSATION**

A	It's very hot today.	오늘 너무 더운데.
B	It really is.	정말 그렇군.
A	한잔 어때?	How about a drink?
B	Okay. Let's get a beer.	좋아. 맥주 한잔 하자.

감탄문 ①	얼마나 …한 ~인가!	**What + (a[an]) + 형용사 + 명사 + S + V!**

What a beautiful day it is**!**
이 **얼마나** 화창한 날씨**인가**!

CHECK **POINT**

- **what** 감탄문은 **how** 감탄문보다 좀 더 강한 감정을 나타낼 수 있습니다.
- 명사가 셀 수 없는 명사(불가산명사)이거나 셀 수 있는 명사(가산명사)의 복수형일 때는 **a/an**이 필요 없습니다.

  What a beautiful flower this is! (가산명사·단수형)
  (이것은 얼마나 아름다운 꽃인가!)

  What beautiful flowers they are! (가산명사·복수형)
  (이것들은 얼마나 아름다운 꽃인가!)

  What beautiful weather we have! (불가산명사)
  (멋진 날씨야!)

■ PATTERN **DRILL 1**

그는 키가 아주 큰 사람이군!	**What** a tall man he is!
그녀는 정말 친절한 소녀군요!	**What** a kind girl she is!
이건 무척 슬픈 이야기예요!	**What** a sad story this is!
진짜 재미없는 영화였어요!	**What** a boring movie it was!
이 얼마나 아름다운 일출인가!	**What** a gorgeous sunrise it is!

■ PATTERN **DRILL 2**

정말 어두운 밤이군!	**What** a dark night it was!
얼마나 예쁜 정원인가!	**What** lovely garden they are!
그녀는 눈이 무척 예뻐요!	**What** beautiful eyes she has!
그는 심한 기침을 해요!	**What** a bad cough he has!

■ ACTUAL **CONVERSATION**

A	Did you hear the news?	뉴스 들었어?
B	Which news do you mean?	어떤 뉴스 말하는 거야?
A	There was a ten-car pile-up on the highway.	고속도로에서 10중 충돌 사고가 있었대.
B	어머 끔찍해라!	What a terrible thing!

| 감탄문 ② | 얼마나 ~할까! | *How* + 형용사/부사 + *S* + *V!* |

How kind she is!
그녀는 **얼마나** 친절**한지**!

CHECK **POINT**

- 감탄문 중 한 가지 형식으로 형용사나 부사는 생략하고 '**How** + **S** + **V!**' 형태로 쓸 수도 있습니다.
- 감탄문은 놀람, 기쁨, 슬픔 등의 감정을 나타내는 문장입니다.

■ PATTERN **DRILL 1**

그녀는 얼마나 키가 큰지!	**How** tall she is!
당신은 정말 게으르군요!	**How** lazy you are!
이건 정말 지겨워!	**How** boring this is!
이 방은 얼마나 추운지!	**How** cold it is in this room!
이 책들은 얼마나 재미있는지!	**How** interesting these books are!

그는 얼마나 빨리 달리는지!	**How** fast he runs!
그녀의 노래는 얼마나 아름다운지!	**How** beautifully she sings!
이 수프 진짜 맛있어!	**How** good this soup tastes!
비가 어찌나 심하게 내리는지!	**How** heavily it rains!

※ **what** 감탄문과 **how** 감탄문의 비교
what 감탄문은 '형용사+명사'구가 와서 명사의 의미를 강조하고, **how** 뒤에는 직접 형용사나 부사가 와서 그 자체를 강조하는 구조입니다.
What a beautiful flower this is! (이 얼마나 아름다운 꽃인가!)
= **This is a very beautiful flower**.
How beautiful this flower is! (이 꽃은 얼마나 아름다운가!)
= **This flower is very beautiful**.

※ **what**과 **how**가 없는 감탄문
what, **how**가 없이 감정을 나타내는 문장도 감탄문의 일종이라고 할 수 있습니다.
Poor dog! (불쌍한 개!)   **Well done**! (참 잘했어!)   **Ouch**! (아야! (아파!))

■ ACTUAL **CONVERSATION**

A	Guess what? I'm going to Niagara Falls!	있잖아, 난 나이아가라 폭포에 갈 거야!
B	Really? 아주 신나겠다!	정말? How exciting!
A	Yeah. It'll be my first time.	응, 처음이거든.
B	I envy you. It's one of the places on my bucket list.	부러운데. 내 버킷 리스트 중 한 곳인데.

Speaking
Training
81~85

다음 문장을 영어로
크게 말해보세요!

81 How is[was] ~?

☐ 존은 잘 있습니까?

☐ 가족분들은 다들 잘 계십니까?

☐ 잘 돼가요?

☐ 사업은 어떠세요?

☐ 감기는 어떠세요?

☐ 오늘 주가는 어땠어요?

☐ 교토 여행은 어땠어요?

☐ 어젯밤 연주회는 어땠어요?

☐ 휴가는 어땠어요?

82 How many[much] ~?

☐ 상자 안에 사과가 몇 개 있습니까?

☐ 가족은 몇 명입니까?

☐ 책을 몇 권 가지고 있습니까?

☐ 매일 몇 시간 잡니까?

☐ 런던에 몇 번 가 봤습니까?

☐ 그 병에 설탕이 얼마나 들어 있습니까?

☐ 체중은 얼마나 됩니까?

☐ 교통비는 얼마입니까?

☐ 한 사람당 얼마입니까?

83 How about ~?

☐ 한잔 어떠세요?

☐ 이건 어떠세요?

☐ 1시는 어떻습니까?

☐ 당신은 어떠세요?

☐ 교통 혼잡은 어떻습니까?

- [ ] 산책 가는 건 어떠세요?
- [ ] 그를 방문하시는 건 어떨까요?
- [ ] 저희랑 같이 가실래요?
- [ ] 카드놀이 하지 않을래요?

84 What + (a[an]) + 형용사 + 명사 + S + V!

- [ ] 그는 키가 아주 큰 사람이군!
- [ ] 그녀는 정말 친절한 소녀군요!
- [ ] 이건 무척 슬픈 이야기예요!
- [ ] 진짜 재미없는 영화였어요!
- [ ] 이 얼마나 아름다운 일출인가!

- [ ] 정말 어두운 밤이군!
- [ ] 얼마나 예쁜 정원인가!
- [ ] 그녀는 눈이 무척 예뻐요!
- [ ] 그는 심한 기침을 해요!

85 How + 형용사/부사 + S + V!

- [ ] 그녀는 얼마나 키가 큰지!
- [ ] 당신은 정말 게으르군요!
- [ ] 이건 정말 지겨워!
- [ ] 이 방은 얼마나 추운지!
- [ ] 이 책들은 얼마나 재미있는지!

- [ ] 그는 얼마나 빨리 달리는지!
- [ ] 그녀의 노래는 얼마나 아름다운지!
- [ ] 이 수프 진짜 맛있어!
- [ ] 비가 어찌나 심하게 내리는지!

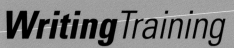

*Writing*Training

81~85

아래의 패턴을 이용하여
영어로 써보세요!

How is[was] ~?

How many[much] ~?

What + (a[an]) + 형용사 + 명사 + S + V!

How about ~?

How + 형용사/부사 + S + V!

---

81 존은 잘 있습니까?

가족분들은 다들 잘 계십니까?

잘 돼가요?

사업은 어떠세요?

감기는 어떠세요?

오늘 주가는 어땠어요?

교토 여행은 어땠어요?

어젯밤 연주회는 어땠어요?

휴가는 어땠어요?

82 상자 안에 사과가 몇 개 있습니까?

가족은 몇 명입니까?

책을 몇 권 가지고 있습니까?

매일 몇 시간 잡니까?

런던에 몇 번 가 봤습니까?

그 병에 설탕이 얼마나 들어 있습니까?

체중은 얼마나 됩니까?

교통비는 얼마입니까?

한 사람당 얼마입니까?

83 한잔 어떠세요?

이건 어떠세요?

1시는 어떻습니까?

당신은 어떠세요?

교통 혼잡은 어떻습니까?

산책 가는 건 어떠세요?

그를 방문하시는 건 어떨까요?

저희랑 같이 가실래요?

카드놀이 하지 않을래요?

84 그는 키가 아주 큰 사람이군!

그녀는 정말 친절한 소녀군요!

이건 무척 슬픈 이야기예요!

진짜 재미없는 영화였어요!

이 얼마나 아름다운 일출인가!

정말 어두운 밤이군!

얼마나 예쁜 정원인가!

그녀는 눈이 무척 예뻐요!

그는 심한 기침을 해요!

85 그녀는 얼마나 키가 큰지!

당신은 정말 게으르군요!

이건 정말 지겨워!

이 방은 얼마나 추운지!

이 책들은 얼마나 재미있는지!

그는 얼마나 빨리 달리는지!

그녀의 노래는 얼마나 아름다운지!

이 수프 진짜 맛있어!

비가 어찌나 심하게 내리는지!

A 신혼여행 어땠어요?

B 최고였죠, 그리고 날씨도 환상적이었어요.
The best! And the weather was amazing!

A 저녁 식사 전에 숙제 다 하라고 내가 몇 번 말했니?

B 알아요. 저녁 먹고 할게요.
I know, I know. I'll do it after dinner.

A 한잔 어때?

B 좋아. 맥주 한잔 하자.
Okay. Let's get a beer.

A 고속도로에서 10중 충돌 사고가 있었대.
There was a ten-car pile-up on the highway.

B 어머 끔찍해라!

A 있잖아, 난 나이아가라 폭포에 갈 거야!
Guess what? I'm going to Niagara Falls!

B 정말? 아주 신나겠다!
Really?